리얼시리즈
8

우리는 강사다

멋진 강사를 꿈꾸는 초보 강사들에게 전하는
선배 강사들의 리얼스토리

우경하 김미성
김효선 서연하
김영자 김경율
이은미 박선희
박인수 조대수
이대욱 이은영
박소영 우정희

리얼스토리 8

우리는 강사다

우리는 강사다 : 리얼시리즈 8

초판1쇄 발행 · 2023년 3월 25일 발행

지 은 이 · 우경하 김미성 김효선 서연하 김영자 김경율 이은미
　　　　　박선희 박인수 조대수 이대욱 이은영 박소영 우정희
펴 낸 이 · 유정숙
펴 낸 곳 · 도서출판 등
총괄기획 · 우경하
관　　리 · 류권호
디 자 인 · 김현숙
편　　집 · 김은미, 이성덕

주　　소 · 서울시 노원구 덕릉로 127길 10-18
전　　화 · 02.3391.7733
이 메 일 · socs25@naver.com
홈페이지 · dngbooks.co.kr

정 가 · 18,000원

■ 이 책은 저작권법에 따라 보호받는 저작물이므로 무단 전재와 무단 복제를 금합니다.
■ 이 책의 전부 또는 일부를 이용하려면 저자와 도서출판 〈등〉의 동의를 받아야 합니다.

| 프롤로그 |

강사를 꿈꾸는 분들에게

강사들은 내게 선망의 대상이었다. 많은 사람 앞에서 당당하고 자신 있게 말하는 모습이 너무도 멋있어 보였다. 나도 그들처럼 멋있는 사람이 되고 싶었다. 어린 시절 내성적이었고 소심했던 내게 그들은 그저 다른 세상의 사람들처럼 느껴졌다. 생각이 바뀌면 행동이 바뀌고 만나는 사람이 변하면 인생이 변한다는 말이 있다. 오랜 직장 생활에 한계를 느낄 때 1인 기업이라는 것을 알게 되었고 강의하는 사람들을 만나면서 나도 할 수 있다는 자신감이 생겼다. 시간이 지나 감사하게 나도 사업가인 동시에 강사가 되었다.

누군가를 가르치는 사람이 가장 많이 배우고 성장한다. 강사라는 직업은 우리가 알고 있는 경험과 지식을 누군가에게 잘 전달해야 하는 일이기에 끊임없이 성장해야 하는 환경에 놓여있다. 사람들 앞에 서는 일이기에 외모, 마음, 시간 등도 잘 관리해야 한다. 수강생들에게 그들이 필요한 것을 효과적으로 전달해야 하기에 전문 분야를 포함해서 다양하게 공부하고 배우며 성장하기 위해 노력한다.

강사가 되고 보니 다른 강사님들이 궁금했다. '저분들은 왜 강사가 되었을까?' '누구를 대상으로 어떤 강의를 어떻게 할까?' '강사로서 좋은 점은 무엇이고 힘든 점은 무엇일까?' '기억에 남는 수강생은 누구일까?' '강사라는 직업이 주는 의미는 무엇일까?' '강사가 되고 싶은 분들에게 어떤 말을 전하고 싶을까?' 등이다.

나와 같은 질문을 가진 사람들이 많이 있을 것이라는 생각에 이 책을 기획했다. 우리는 우리의 경험, 배움, 지혜를 진솔하게 한 권의 책으로 담았다. 멋진 강사를 꿈꾸는 분들에게 이 책이 강사라는 직업을 이해하고 준비하는데 유익한 길잡이가 될 것이다. 또 같은 강사님들에게는 공감과 위로가 되는 책이 되기 바란다. 우리의 지혜를 담은 책을 통해서 더욱 밝고 아름다운 세상이 되기를 바라는 마음으로 우리의 이야기를 시작한다.

100권작가 나연구소 우경하 대표

목차

프롤로그 6 | 에필로그 282 |

우경하　나는 사람을 세우는 전자책 출판 강사다　　12
　　　　　나를 당당히 표현하고 싶었다
　　　　　ISBN 전자책 출판 강의를 한다
　　　　　초보자를 대상으로 온라인과 오프라인에서 4주 책 코칭을 한다
　　　　　강의는 나를 성장시키고 성취하게 한다
　　　　　강사도 마케팅을 잘해야 한다
　　　　　기억에 남는 열정적인 85세 작가님
　　　　　강의를 통해 성장하는 나를 만나는 기쁨
　　　　　당신은 이미 충분하다

김미성　나는 중국어 강사로 살기로 했다　　33
　　　　　나는 우리 아이에게 더 큰 세상을 선물하고 싶었다
　　　　　놀이 중국어, 사자성어, 한자 강의를 한다
　　　　　중국어를 배우는 대상으로 온라인과 오프라인 수업을 한다
　　　　　수강생들이 변할 때 보람이 있다
　　　　　가족과 함께 하는 시간이 부족하다
　　　　　기억에 남는 60대 직장인 수강생
　　　　　강의는 나에게 힐링하는 시간이다
　　　　　강사가 되고 싶은 그대에게

김효선　나는 사람을 아름답게 하는 강사다　　51
　　　　　멋있어 보이는 강사에 반해 강사를 꿈꾸다
　　　　　사람을 아름답게 하는 기술
　　　　　새로 시작하는 사람을 위한 곳으로 가다
　　　　　에너지를 받고 사랑받는 시간
　　　　　나를 불태우는 무절제
　　　　　마주 잡은 장애인 남학생의 손(그 온기를 전하는 친밀감)
　　　　　내가 경험하고 체험한 삶의 아름다운 메시지를 맛보여주기
　　　　　강사 앞의 한사람 100년의 삶과 브릿지(그 선물 같은 연결을 누려라)

우리는 강사다

| 서연하 | **나는 놀이로 세상을 즐겁게 하는 전통놀이 강사다** | 69 |

나를 알고 내가 평생 하고 싶은 일을 찾았다
한국 전통, 전래놀이 강의를 한다
프리랜서, 강사양성과정
우리나라 역사도 알고, 만나는 사람과 순수하게 놀 수 있다
체력관리와 이동 거리가 중요하다
주간보호센터 남자 어르신
놀이의 의미를 찾고 놀이로 감정이 정화됨을 알리고 싶다
전통. 전래놀이는 놀이를 위한 놀이가 아님을 소통하는 강사

| 김영자 | **나는 삶에 건강과 안전, 행복을 전하는 강사다** | 87 |

'도전' 생각한 지금 시작하라
삶의 안전과 건강을 추구하는 강의
기업, 공공기관 안전한 메신저
안전과 건강을 전하면서 내가 더 성장한다
든든하게 참 잘했다
교육계, 학원장, 강사의 연수 강의
따뜻한 사랑이 담긴 손수건
혼자가 아닌 함께 행복을 누리다

| 김경율 | **나는 대한민국 입시학원 강사다** | 105 |

아르바이트가 인생을 바꾸다
대입을 가르치다
굴러가는 낙엽만 보아도 웃는 18세, 원주에서 학원을 열다
경제적 자유를 얻다
누구 줄을 타고 왔는가?
늦은 제자 이야기
강의가 삶을 바꾸다
초보는 문제와 싸운다

| 이은미 | **나는 사람의 마음을 안아주는 그림책 강사다** | 123 |

평범한 일상에서 꿈꾸는 다른 삶
마음을 위로하고 치유하는 그림책 강사
마음으로 공감하고 소통하는 나. 너. 우리 모두
나를 알고 다름을 인정하는 관계의 아름다움
집단지성으로 배우는 성장
교사라는 이름의 또 다른 나

　　　　　사람의 마음을 안아주는 치유사
　　　　　용기 있는 도전으로 이룬 꿈

박선희　**나는 인재의 역량 변화를 돕는 기업 변화강사다**　143
　　　　　설레는 마이크
　　　　　소통및변화관리, NCS직무교육, 사업주훈련
　　　　　별걸 다 기억하는 강사 : 디테일의 힘
　　　　　수강생의 마음에 싹을 틔우는 순간
　　　　　내 삶의 터닝포인트
　　　　　5톤의 지식보다 1그램의 감성
　　　　　AI강사와 휴먼 강사의 차이 : 훈습(薰習)
　　　　　강의는 함께 성장하는 훈습

박인수　**나는 답을 찾는 강사다**　163
　　　　　인생의 답을 찾기 위해 시작한 여행
　　　　　조직 활성화, 리더십, 소통, 힐링
　　　　　어떤 곳이든 답을 갖고 출강한다
　　　　　세상을 이해하게 되고, 내 삶의 진정한 가치를 알게 된다
　　　　　새로워진다는 것
　　　　　75세 중견기업 기술 이사님
　　　　　내 문제를 해결했던 삶이 교육의 문제를 해결하다
　　　　　마음에 있는 답을 찾으려면 이것만 한 것이 없다

조대수　**어쩌다 일타강사의 행복 바이러스**　183
　　　　　'너무 어려워 재미없어, 좀 더 쉽고 재미있게 할 순 없니?'
　　　　　재미없으면 강의가 아니다
　　　　　나는 청중을 웃게 만드는 강사
　　　　　베트남 출신 팀장 세일즈우먼
　　　　　타인과 나에게 희망과 용기, 구체적인 방법을 제시하는 보람 있는 일
　　　　　자기관리(체력, 시간 안배, 수면시간) 그리고 일 욕심
　　　　　강사 일은 멈췄던 나의 심장을 다시 쿵쿵 뛰게 해 준다
　　　　　'깨달음은 생존의 경지' 내가 즐거운 행복한 강사 인생

이대욱　**나는 수많은 커리어 피보팅에서 살아남은**　203
　　　　　본 투 비 리더십 강연자다
　　　　　대기업 은퇴 임원분들의 고요한 가르침
　　　　　성공을 위한 방향의 확률을 조금이라도 높이는 리더십

20대 사회 초년생부터 50대 경력 직장인까지 지식이 가르쳐주지 않는 것들
나는 강의를 함으로써 내가 살아있다는 것을 실감한다
가끔 전달한 강의가 분에 넘치는 칭찬을 받았을 때
처음으로 10대를 대상으로 특강을 진행하였을 때
전문직의 종말과 직업 간의 경계가 허물어질 때
강사가 되고 싶은 그대에게? 그대여, 나와 같다면

이은영 나는 그릿으로 10대들의 꿈을   223
키워주는 러닝메이트다

생계유지로 우연히 찾아온 나의 직업
인생의 더 큰 기회를 위한 도구인 영어, 우리의 인생 무대는 세계다
초, 중, 고등학교 학생들
십대들의 꿈과 열정 그리고 1%의 성공을 이끌다
다른 역할을 할 수 있는 시간이 부족하다
내게 특별하지 않은 제자는 단 한 명도 없다
자아 재발견 그리고 성장
누군가의 삶에 긍정적 영향력을 발휘하고 싶은 그대들이여

박소영 나는 꿈 새싹을 틔우는 강사다   243

아이들에게 좋은 세상을 물려주고 싶다
육아, 부모교육, 자기 계발, 동기부여
오프라인, 온라인, 통화, 카톡
내가 더 많이 배우고 변화할 수 있다
수익보다 나눔이 우선이 되는 점
현실에 부딪혀 자신의 꿈을 포기하는 육아맘, 워킹맘
어제보다 한 걸음 더
용기 내서 선택하고 나를 기록하라!

우정희 나는 사랑과 행복을 전하는 복지 창업 컨설턴트다   263

존경받는 사람 선생님이 되고 싶었다(표현, 커뮤니케이션)
노인 복지 창업, 사회복지, 우슈 태극권, 웰다잉, NLP 마음치유
복지 창업, 매월 2회, 온, 오프라인 미팅, 온라인 강의 준비 중
소통과 나눔 표현
마음의 여유와 시간을 갖는 것
70대 중반의 교육생
내가 누구인지 깨어있는 삶
강사가 되고 싶은 너에게

나는 사람을 세우는 전자책 출판 강사다
- 1인 기업 사업가, 작가, 강사, 코치
나 자신이 가장 소중하다는 가치를 전하는 사람 -

15년간의 직장생활을 마감하고 20년 4월 1일부터 1인 기업으로 사업을 시작했다. 모두의 '나'가 세상에서 가장 소중하다는 가치를 전하고자 [나연구소]를 설립했다. 하고 싶은 일들이 많아 끊임없이 시도하고 도전하며 길을 만들고 있다.

하고 싶은 일만 하며 살고
좋아하는 사람만 만나며 살고 싶고
될 수 있는 최고의 내가 되어
내일 죽어도 후회 없는 인생을 사는 꿈을 실천하고 있다.
위대하고 거대한 나만의 왕국을 건설하고 있다.

우경하

우경하 ●●●

○ 소중한 나찾기 [나연구소] 대표
○ 한국작가협회 초대회장
○ 출판사 [인생이변하는서점] 대표
○ 문학심리상담사 자격증 보유
○ KAC 인증 코치 자격 보유(KAC 08761)
○ 공동저서 기획 출판 전문
○ 닉네임: 100권작가
○ 전자책 출판 전문가
○ 책쓰기 코치
○ 네이버 검색: 우경하

이메일 dancewoo@naver.com
블로그 https://blog.naver.com/dancewoo
연락처 010-7533-3488

나를 당당히 표현하고 싶었다

　어린 시절 나는 매우 내성적이고 소심한 사람이었다. 나를 보는 시선이 무서웠고 사람들 앞에서 말하는 것이 가장 두려웠다. 학창 시절, 앞에 나가서 발표하는 일이 내겐 너무 힘들고 어려운 시간이었다. 심장이 두근거렸고 얼굴이 빨개지고 머리가 하얘졌다. 내 생각과 마음을 남들에게 표현하는 것이 힘들었다. 그러다 보니 사람들 앞에서 당당하게 자신을 표현하는 사람이 너무도 멋있어 보였고 나도 그렇게 되고 싶었다. 당당한 나, 자신감 있는 내가 되고 싶었고 달라지고 싶었다.

　이런 간절하고도 오래된 내 마음과 바람이 지금의 나를 만들었다. 현재 사람들 앞에서 생각과 지식을 전하는 내 모습이 너무도 자랑스럽고 대견하다. 강의를 잘하고 못하고를 떠나서 이런 내 모습에 만족스럽다. '말로 설명할 수 없으면 아는 것이 아니다' 라는 말처럼, 강의 자료를 정리하고 남들 앞에 설 때마다 배움을 얻고 스스로 성장하는 나 자신을 발견한다.

　직장인 시절, 내 삶이 만족스럽지 못했고 내 인생을 바꾸어 줄 새로운 사람들을 찾아다녔다. 그렇게 만난 사람들은 모두가 사업가, 작가, 강사, 코치들이었다. 흔히 말하는 1인 기업가, 메신저, 무자본 창업가, 지식 콘텐츠 사업가였다. 그들은 자신만의 경험과 지혜를 강의를 통해 나누고 있었다. 자신이 어떤 사람인지, 어떤 경험이 있는지, 무엇을 깨달았는지 들려주는 그 모습이 멋있어 보였고, 나도 그들처럼 되고 싶었다.

　강의라는 것이 정보와 노하우를 전달해서 상대방에게 도움을 주는 것을 넘어, '나' 라는 사람을 어필하고 팬으로 만드는 데 효과적인 수단이었다. 시간을 함께 나누면서 정서적, 감정적 교감으로 마음을 나눌 수 있다. 듣는 분들에게 호감과 관심을 갖게 하고 매력을 어필할 수 있다. 그 효과로 강사들이 판매하는 유료 프로그램에 자연스럽게 이어져 홍보과 마케팅이 되어 준다. 강의의 힘이다.

　우리는 학창 시절부터 읽고 듣는 수동적인 인풋에 익숙하다. 아는 것은 많은데 실행력이 떨어진다. 예전의 나도 그랬다. 하지만 중요한 것은 균형과 조화이다. 즉, 인풋이 있으면 반드시 아웃풋이 따라야 한다.

나를 포함한 주변 많은 1인 기업 사업가들이 강의를 통해 자신과 메시지를 알리고 프로그램을 홍보한다. 한두 시간 강의를 듣다보면 자연스럽게 강사에게 관심을 갖게 되고 호감을 느끼게 된다. 이는 더 많은 이야기를 개인적으로 나누고 싶고, 만나고 싶은 마음으로 이어진다. 나도 강의를 들으며 그런 생각이 들었고, 내 강의를 듣고 개인적으로 연락이 오고 나를 찾아오는 경우가 많다. 그래서 나는 요즘 만나는 모든 분에게 강의를 꼭 해보라고 권유한다.

ISBN 전자책 출판 강의를 한다

나는 평소 내 이름으로 된 책 한 권 내보는 게 소원인 분들의 꿈을 이루어 주는 일을 한다. 책을 처음 내보는 초보 작가들을 대상으로 책을 내고 작가가 되고 네이버 인물 등록을 도와드린다. 강의 제목은 '평생 인세받는 ISBN 전자책 출판하고 네이버 인물등록하기'다. ISBN을 받은 전자책을 출판하면 알라딘, 예스24, 교보문고 등에 판매가 되고 정식 작가로 네이버에 인물 등록이 가능하다.

전자책은 종이책 대비 시간, 노력, 비용이 적게 드는 반면 효과는

크다. 분량이 적어도 가능하며 에세이, 자서전, 전문 서적, 시 등 내가 원하는 모든 내용을 자유롭게 출판 가능하다. 책의 소재는 무궁무진해서 한 번 수업을 들으면 같은 방식으로 여러 권의 책을 낼 수 있다. 인세도 전자책이 훨씬 많다. 종이책은 인쇄한 책값의 10% 내외가 인세지만 전자책은 책값의 40~70%의 인세가 평생 지급된다. 또한 출판 후 수정도 가능하다. 이런 이유로 많은 분이 전자책에 관심을 갖고 있다.

내 책쓰기 프로그램은 초보 작가들이 참여를 많이 하고 책이 나오면 다들 기뻐하고 행복해한다. 이 일을 하면서 내 이름으로 된 책을 내고 싶은 분들이 매우 많다는 것을 알게 되었다. 하지만 경험이 없기에 책을 쓴다는 것을 막연해한다. 무슨 내용을 어떻게 쓰고 어떻게 출판해야 하는지 잘 모르기 때문이다. 다른 책쓰기 프로그램들에 고가의 비용을 내고 참가했지만 책이 안 나왔다는 분도 있었다. 하지만 내 책 쓰기 프로그램 같은 경우는 내 경험을 토대로 책을 쓰기 위한 마인드를 먼저 강조하고, 책을 쓴다는 것의 부담을 줄여주고, 용기와 자신감을 먼저 심어주기 때문에 참여하는 분들의 결과물이 잘 나온다. 어려운 책쓰기 방법을 계속 배우기보다 스스로 글을 써보고 책을 내보는 게 더 효과적이고 더 많이 성장할 수 있다.

예전의 나도 그랬지만, 우리는 책에 대한 고정관념들이 많다. '책은 지식이 많고 학벌이 높은 교수와 박사들 혹은 뛰어난 전문가나 유명한 사람들이나 쓰는 게 아니야? 내가 책을 쓴들 사람들이 관심을 가지고 보기나 하겠어? 나는 글솜씨가 없는데? 나는 책을 많이 안 읽었는데? 책 쓰기는 힘들고 돈도 많이 들고 시간도 오래 걸리는거 아니야?' 대부분 이런 생각들이다.

이런 질문들에 나는 이렇게 답을 한다. "우리는 대한민국 전 국민 보는 책을 쓰는 것이 아닙니다. 딱 지금 내 경험과 지혜를 필요한 분들을 위한 책을 쓰면 됩니다. 초보는 왕초보를 위한 책을 쓰면 되고, 1년 경험자는 준비하는 분들을 위한 책을 쓰면 됩니다. 전문가라서 책을 쓰는 게 아니라 책을 쓰니까 전문가가 되는 것이고, 책을 내면 사람들이 나를 전문가로 인식하게 됩니다. 글은 솜씨보다 진솔한 마음이 중요해요. 우리에게는 경험이라는 가장 좋은 소재가 있습니다. 시간이 많다고 좋은 결과물이 나오는 게 아니라, 마감 시간을 정하고 집중해서 쓰는 것이 좋아요. 글을 머리로 쓰는 게 아니라 엉덩이로 쓰는 것입니다." 나의 이런 말에 많은 분이 용기와 자신감을 얻는다.

나는 수업을 시작하기 전, 항상 오리엔테이션 시간을 갖는다. 대화와 질문을 통해 예비 작가님이 어떤 생각을 가지고 있고, 어떤 인생을 살아왔는지, 누구를 위한 어떤 책을 쓰고 싶은지 함께 찾아본다.

이 시간을 통해 방향과 주제를 설정하고 나면, 막연함이 해소되고, 머릿속에 책에 대한 큰 틀이 그려지고, 자신감이 생긴다. 보통 첫 책은 가장 쓰기 쉽고 편안한 주제로 잡으시라고 권해 드린다.

전자책은 분량이 많지 않아도 출판이 가능하기 때문에 특별한 경우를 제외하고 보통 한 달이나 한 달 반 정도에 책을 출판하고 네이버 인물 등록을 마친다. 작가님들은 매우 빠른 기간에 내 이름으로 된 책이 나오고, 유명 사이트에 판매되고, 네이버에 검색했을 때 자신의 이름이 나오는 것을 신기해하고 놀라워하신다. 또 시간이 지나 전자책 판매 인세가 들어오면 더욱 좋아하시고 참 고마워하신다. 작가님들 스스로도 자부심과 성취감이 생기고, 주변 사람들의 축하와 칭찬에 뿌듯함을 느낀다. 이런 것을 볼 때마다 나도 매우 큰 보람을 느낀다.

초보자를 대상으로 온라인과 오프라인에서 4주 책 코칭을 한다

2021년부터 전자책 강의를 시작했다. [평생 인세 받는 전자책 출판하고 네이버 인물 등록하기]라고 이름을 지었다. 코로나가 기승을 부릴 때라 모든 수업은 온라인으로 진행했다. 당시 ZOOM 강의와 오픈채팅방이 활성화되는 시기였다. 강의 프로그램을 기획하고, 하루 2시간씩 4회차 수업 과정을 만들었다. 1회차 강의는 많은 책을 출판한 나의 경험과 책에 대한 고정관념 바꾸기, 주제 찾기, 제목 정하기, 2회차 강의는 맞춤법 검사하는 방법과 좋은 문장 만들기, 3회차 강의는 표지 만들기, 4회차 강의는 전자책 출판하고 네이버 인물 등록하기로 진행했고, 참가자분들의 속도에 맞춰 조절했다.

홍보는 기본적으로 네이버 블로그에 내용을 포스팅한 뒤 그것을 내가 운영하는 오픈채팅방 단톡방에 공지했고, 내가 들어가 있는 다른 단톡방들에도 함께 홍보했다. 인원이 많든 적든 꾸준하게 진행했고, 참가자분들의 결과물이 잘 나오자 어느새 주변에서 나를 전자책 강의 전문가로 인식하기 시작했다. 입소문이 나자 오픈채팅방을 운영하는 방장님들의 제안으로 함께 프로그램을 진행하기도 했다. 방장님들이 홍보와 모객을 하고, 내가 강의를 한 뒤 수익을 쉐어하는 방식이었다. 이미 여러 곳에서 협업을 진행했다.

또한 내가 운영하는 '한국작가협회'와 강남에 있는 도서관 한 곳이 인연이 닿게 되었다. 도서관 관장님의 소개로 도서관에서 4주 특강을 진행하기도 했다. 오프라인 강의로 기획했지만, 코로나로 인해 ZOOM으로 수업을 진행했다. 기존에 내가 해오던 익숙한 곳이 아닌 낯선 곳에서 강의와 새로운 사람들과의 시간은 나에게 또 다른 신선함과 경험 그리고 배움을 주었다.

  나는 현재 전자책 출판 과정과 더불어 여러 명의 저자들이 공동으로 종이책을 만드는 '공동 저서 프로젝트'도 함께 진행하고 있다. '리얼시리즈'라는 콘셉트인데 지금까지 7편을 진행했으며, 50권이 목표다. 전자책 과정과 종이책 프로젝트로 그동안 200명 넘는 분들이 책을 내고 작가가 되었으며, 네이버 인물 등록을 진행했다. 내 목표는 1,000명의 작가를 배출하는 것이다. '남을 성공시키면 내가 성공한다'는 말처럼 나에게는 매우 의미 있고 큰 성취감이 생기는 일이다. 목표가 있으니 계속 아이디어가 떠오르고 마음이 설렌다.

  그동안 많은 작가님을 만났다. 20대부터 80대까지 다양한 연령대가 있었고, 주로 여성분들이 많았다. 내 블로그도 방문자도 그렇고 내 프로그램은 주로 40~60대 여성분들의 참여가 많은 편이다. 가정주부, 변호사, 대학 교수, 학교 교장, 1인 기업가, 강사 등 다양한 분들과 함께 했다. 대부분이 나보다 연세가 많으셨고, 거의 학식과 사회 경험이 높은 분들이셨다. 그런 분들에게 내가 강사로 무언가를 알려드리고 책과 네이버 인물 등록이라는 결과물을 낸다는 것이 참으로 뿌듯하고 신기하고 감사하다.

강의는 나를 성장시키고 성취하게 한다

좋은 점이 참 많다. 무엇보다 사람들 앞에서 당당히 강의하는 나 자신이 매우 만족스럽고 자랑스럽다. 예전엔 남들 앞에서 말도 잘못했고, 발표 시간이 제일 두려웠던 나였다. 이런 내가 강사가 되었다는 사실이 나를 흥분시킨다. 나를 통해 사람들이 전자책과 종이책이라는 결과물이 나오고, 작가의 꿈을 이루어 행복해하는 모습을 볼 때 나 또한 참 행복하다.

기본적으로 만들어진 강의안을 수정 보완하면서 업그레이드하고 있다. 진행하면서 다양한 사례를 접하기에 경험과 노하우가 쌓여간다. 효과적인 방법을 계속 연구하면서 내가 들이는 노력과 에너지는 줄고, 참가자분들의 결과물은 더 잘 나온다. 선순환이 되고 있다.

누군가를 가르치는 사람은 지속적으로 정보와 지식을 전달하기 때문에, 끊임없이 자신의 성장을 위해 배우고 자기 계발을 한다. 다양한 공부를 하고 책을 보고 교육을 받는다. 사람들 앞에 서는 일이기에 몸가짐과 행동을 바르게 하게 되고 인생을 올바르게 살 수밖에 없다. 직장인 시절 나를 가장 힘들게 한 것 중 하나는 반복된 업무 속에 소모되는 기분과 성장이 멈춘 듯한 내 모습을 보는 것이었다. 강의를 하면서 매 순간 성장하고 있고 더 나은 사람이 되고 있어서 좋다.

참가자분들의 원고를 볼 때마다 그분들의 인생 경험과 삶의 지혜를 접하고 배고 배운다. 그러면서 삶의 다양한 면을 보게 되고, 간접 경험을 하게 되어 내 생각과 경험이 넓어지고 커지는 기분이 든다. 한 사람의 경험과 지혜가 담긴 책을 제일 먼저 볼 수 있는 행운과 기회를 매일매일 누리고 있다. 이를 통해서 내 영혼이 커지고 있다는 생각이 든다.

내 소망은 될 수 있는 최고의 나, 진짜 내가 되어 세상을 아름답게 하고, 사람들을 행복하게 하는 것이다. 책 출판이라는 사람들의 꿈을 이루어 주는 일은 매력 있다. 내가 만든 전자책과 공저 프로그램을 통해서 쉽고, 편하고 빠르게 그리고 합리적으로 책을 내는 일에 내가 도움을 줄 수 있어 참으로 행복하고 감사하다.

강사도 마케팅을 잘해야 한다

글을 쓰고 책을 만드는 일은 모두 컴퓨터와 온라인으로 이루어진다. 기본적으로 한글 파일에 원고를 쓰고 네이버 맞춤법 검사기로 오타와 띄어쓰기를 확인한다. 책 표지는 내가 미리 제공하는 ppt 표지 샘플 양식으로 만들기도 하고, 작가님들이 원하는 경우 미리캔버스나 캔바라는 프로그램으로 표지를 만들기도 한다. 원고는 pdf 파일로 변환 후 '유페이퍼'라는 출판 유통 사이트에 등록한다. 컴퓨터와 온라인이 익숙한 분들은 무리 없이 수업에 잘 따라오지만, 연세가 있고 익숙지 않은 분들은 어려워하신다.

그런 분들은 진행 속도가 느리고 시간이 더 걸린다. 그런 경우는 별도로 시간을 내서 봐 드리고 과정을 마친 뒤에도 개인 코칭을 해드린다. 별도의 추가 비용은 받지 않고 책이 나올 때까지 봐 드리고 있다. 간혹 여러 가지 개인 사정상 수업을 듣고도 책을 못 낸 분들이 있어 안타까운 마음이 든다. 그분들은 계속 신경이 쓰이고 미안한 마음도 든다. 나와 인연이 된 분들은 반드시 자기 이름으로 책을 내었으면 하는 바람이다.

또 하나 힘든 점은 마케팅과 모객이다. 그동안은 꾸준하게 모객이 되었지만, 신규 작가님들을 모으는데 많은 시간과 에너지가 든다. 마케팅과 홍보에 쓰는 에너지를 줄이기 위해 협업 등 다양한 시도를 해보고 있다. 기존 방식인 블로그 포스팅을 오픈채팅방에 홍보하는 방법과 더불어 최근에는 지인의 도움으로 네이버 광고를 시작했다. 검색어와 키워드를 잘 잡아서 기존에 있던 시장을 벗어난 새로운 고객들을 만나기 위해 나와 내 프로그램을 노출시키는 작업을 시작했다.

더 많은 분들을 만나기 위해 온라인 4주 과정, 오프라인 원데이 클래스, 온라인과 오프라인 1:1 코칭 과정을 개설했다. 6월부터는 지인이 오프라인 사무실을 빌려주고 모객을 도와주어 강남에서 오프라인 수업도 진행하고 있다. 다양하게 고객들과의 접점을 만들어 가는 중이다.

나라는 사람이 알려지고 인지도가 높아지면서 찾는 사람이 많아짐을 경험했다. 이런 이유로 나를 알릴 수 있는 곳은 적극적으로 참석해 나를 알리려고 한다. 유명한 유튜버인 단희쌤님이 운영하는 4050들의 인생 2막 클래스 인클(강의 영상 플랫폼)에 강의 영상을 올리면서 인연이 되어 60만 명의 구독자를 보유한 유튜브 '단희TV'에 출연했다. 책 출판 전반과 전자책에 대한 내용을 단희쌤님과 인터뷰한 영상이었고, 조회 수가 1만이 넘어갔다. 이후 영상을 보고 몇몇 분이 연락 와서 전자책 출판 1:1 코칭을 진행했다. 유튜브와 영상의 힘을 느낀 경험이었다.

코로나가 잠잠해지면서 오프라인 활동을 늘리고 있다. 기존에 없던 새로운 고객들을 창출하고 싶었기 때문이다. 데일카네기코리아에서 인연이 된 강사님께서 독립 후 나폴레온힐 최고위 10주 오프라인 과정을 만들어서 현재 참가하고 있다. 다양한 CEO들이 모여서 나폴레온힐의 성공 법칙 13단계를 배우는 곳이다. 평소에 만나기 힘든 분야의 CEO들을 만나서 견문을 넓히고 있다. 그리고 최근엔 사업가들의 비즈니스 협업 모임인 BNI를 알게 되어서, 매주 화요일 아침 7시 마포의 호텔에서 진행하는 조찬모임에 참석하고 있다. 사업가들이 서로의 사업을 소개하고 함께 사업과 홍보를 도와주는 모임이라 이곳에서 내 사업영역을 확장할 수 있을 것 같아 기대된다.

기억에 남는 열정적인 85세 작가님

새로운 사람을 만나면 즐겁고 기억에 남는 분들이 많다. 나를 만나서 전자책을 한 권만 내신 분도 있고 여러 권의 책을 내신 분도 있다. 사람에 따라 다르지만 자신만의 콘텐츠가 있는 분들은 지속적으로 책을 낸다. 전자책을 내신 분이 종이책 공동 저서 프로젝트에 참여하기도 하고 종이책 공동 저서를 내고 전자책을 내는 경우도 많다. 그렇게 경험을 쌓은 작가님들이 개인 저서에 도전한다.

많은 일이 그렇듯 편하고 좋았던 분들보다 힘들고 어렵게 작업한 분이 유독 더 기억에 오래 남는다. 수강생 중에는 50대~80대 어르신 분도 있는데 책을 내고 싶은 열정이 매우 강하다. 작업은 서툴지만 배움과 출판에 대한 열정에 나도 함께 좋은 에너지를 받는다.

최근에 유튜브에 올라간 영상을 보고 한 분이 문자를 주셨다. 통화를 해보니 전라도 정읍에 사는 85세의 남자 어르신인데 그동안 써놓은 글을 전자책으로 출판해 보고 싶다고 하셨다. 외국에서 오래 살다 오셨고 직업은 시인, 작곡가, 화가셨다. 컴퓨터와 인터넷도 익숙지 않은 분이었는데 ZOOM으로 3번 만나고, 카톡과 통화로 한 달이 조금 지나 책을 등록하고 네이버 인물 등록까지 마쳤다. 다른 분들보다 시간과 에너지가 더 들었지만 그 연세에 책을 내겠다는 열정이 대단하셔서 나도 많이 배운 시간이었다. 기억에 오래 남는 분이다.

강의를 통해 성장하는 나를 만나는 기쁨

나는 1인 기업 사업가이자 작가이면서 강의하는 강사다. 1인 기업으로 사업을 하면서 대표, 강사, 작가, 코치 등 다양한 이름을 갖게 되었다. 내게 강사라는 직업의 의미는 성장과 성취. 사람들 앞에서 내 지식과 노하우를 당당하게 말하는 내 모습에 무한한 자부심과 성취감을 느낀다. 소심하던 내가 이런 사람이 되었다는 것이 자랑스럽고 뿌듯하다. 매 순간 성장하고 있어 행복하다. 누군가에게 영향과 도움을 주고 꿈을 이루어 준다는 사실이 너무 기분 좋다.

개인 저서, 다수의 공동 저서, 시집, 그림책 등 약 118권의 책을 만들고 출판했다. 가끔은 나도 이런 내가 신기하고 놀랍다. 주변 사람들에게 대단하다는 칭찬을 많이 받는다. 나 또한 원래 글을 쓰는 사람이 아니었지만, 결핍, 관점의 변화, 귀인들과의 만남을 통해 지금 이 자리에 있다. 이런 경험으로 누구나 마음과 의지만 있다면 책을 내고 작가가 될 수 있다는 것을 알았다. 만나는 사람이 변하면 인생이 변한다. 나 또한 작가들을 만나서 작가가 되었고, 강사들을 만나면서 강사가 되었다. 나를 통해 나 같은 사람을 만드는 일은 매력 있는 일이다.

내 목표는 1,000명의 작가 배출이다. 앞으로 전자책 출판 강사도 양성하고, 자격증도 발급하려고 한다. 함께 하는 사람들과 더 큰 가치를 만들고 싶다. 내가 운영하는 [나연구소] 안에서 [나연구소책쓰기스쿨]을 만들어 더욱 많은 분들이 나와 함께 글을 쓰고, 책을 내고, 작가가 되는 기쁨을 전하고 싶다. 이런 생각에 마음이 설레고 기분이 좋아지고 힘이 난다.

당신은 이미 충분하다

전문 강사는 아니더라도 모든 분에게 강의를 해보라고 나는 권한다. 내가 경험한 강사의 일과 삶은 참 매력 있다. 나도 전문 강사는 아니지만, 사람들 앞에서 강의하고 있고 내 노하우를 전달하고 있다. 전문 강사처럼 세련되고 유창하게 강의하지는 못하지만, 사람들이 원하는 내용을 효과적으로 전달하고 있고 결과물을 잘 내고 있다. 꼭 강사라는 직업을 가지지 않더라도 강의는 꼭 해보라 말씀드리고 싶다. 직장인이면 직장 내에서, 사업가면 고객들을 대상으로 하면 된다. 마음만 있다면 그런 기회는 얼마든지 만들 수 있다. 처음엔 작게 시작하면 되고 한 명을 위해서 하면 된다.

강의는 편하게 하는 대화와는 다르다. 우리의 경험, 지식, 노하우를 듣는 대상에 맞게 효과적으로 전달해야 한다. 수강생들의 경험과 지식이 다르기에 맞추어 가면서 진행하면 된다. 너무 빠르지도 느리지도 않은 속도 조절이 필요하다. 잘 따라오는 사람에게는 칭찬을, 느린 사람에게는 격려와 기다림이 필요하다. 많은 경험이 인내와 여유를 갖게 한다. 단순히 강의하고 돈을 버는 것 이상으로 내가 더 나은 사람이 된다는 것을 느낄 수 있다. 매우 보람 있고 매력 있는 일이다. 언제나 강의하는 사람이 제일 많이 배우고 성장한다.

나도 강의를 처음 할 때 매우 부담이 컸다. '과연 내 강의를 누가 들을까?, 잘못하면 어쩌지? 강의를 들은 수강생들이 불만을 가지면 어쩌나?' 하지만 괜한 걱정이었다. 강의는 딱 그 강의가 필요한 사람들이 온다. 내가 많은 것을 주어도 수강생들의 경험과 지식수준에 따라 모두 소화가 안 되는 경우도 많다. 너무 많은 것과 내가 준비한 모든 것을 전달하기보다 수강자들의 속도에 맞게 필요한 것을 주면 된다.

우리는 대한민국 모든 사람을 대상으로 강의를 하는 게 아니다. 딱 지금 내 경험과 노하우가 필요한 사람들을 위해 강의를 하면 된다. 초보는 왕초보를 위해, 1년 차는 시작을 준비하는 사람에게 하면 된다. 완벽한 강의안이 준비되면 강의를 한다는 마음보다 어느 정도 만들어 놓고 공지와 홍보를 먼저 하자. 강의 날이 정해지고 신청자가 있으면 강의안을 완성할 수밖에 없다. 언제나 환경은 내가 만든다.

부족해 보여도 계속하다 보면 실력은 자연스럽게 는다. 하면 할수록 강사라는 일이 참으로 매력적으로 느껴진다. 바로 당신의 경험과 메시지를 담은 강의안을 만들어 보자. 당신의 경험은 세상의 빛이 된다. 강의는 듣는 것이 아니라 하는 것이다. 당신의 시작을 응원한다. 하고 싶은 일만 하기에도 시간은 부족하다. 당신은 이미 충분하다.
by 대한민국 대표 강사 우경하

나는 중국어 강사로 살기로 했다
- 중국어 강사로 산다는 것 -

　수년간 어린이집, 유치원, 초등학교, 중학교, 문화센터에 출강하면서 실전과 경험을 토대로 현재 [브레인 놀이 중국어 연구소]를 운영하고 있다. 작가이자 동기부여가라는 가슴 설레는 꿈을 그리며, 엄마 멘토로 다문화가정 아이들에게 상담 활동도 함께 하고 있다.
　내 꿈은 강사의 일방 교육방식이 아니라 아주 쉽고 재미있게 놀이식으로 중국어를 소통하며, 제대로 습득하고 사용할 수 있는 노하우 바탕으로 중국어가 많은 사랑을 받는 것이다. 중국어는 영어 다음으로 많이 사용하는 언어다. 세계에서 중국어를 제일 많이 사용하는 그 날까지 중국어 멘토로서 기적이 일어나길 바란다.

김미성

김미성 ●●●

- 중국어 강사 10년
- 브레인 놀이 중국어 연구소 대표
- 해법중국어 중계동 씽씽교실 원장
- 다이음 강사
- 이중언어강사
- 다문화 엄마 멘토
- 동기부여 강연가
- 부모코칭 & 자녀코칭
- 네이버 인물 등재

이메일 pb_lecturer1004@naver.com
블로그 https://blog.naver.com/pb_lecturer1004
연락처 010-9850-8831

나는 우리 아이에게 더 큰 세상을 선물하고 싶었다

한국에 온 지 16년이 되어간다. 한국 생활에 적응하느라 꽤 많은 시간과 노력이 필요했다. 처음 한국에 와서 정체성 혼란과 문화 차이로 힘들었던 적이 많았다. 그때부터 큰 결심을 했다. 열심히 사회생활을 하면서 시간 날 때마다 책을 읽고 이 사회에 적응하려고 무척 애썼다. 구르는 돌에는 이끼가 끼지 않는다는 속담을 항상 가슴 한편에 담아두고, '배워서 남 주자'라는 생각을 하며 열심히 배우고 도전했다. 이 마인드가 나에게는 터닝 포인트가 아닐까 싶다.

한국 생활에 적응하려고 발버둥 치며 울고 웃던 지난 날이 주마등처럼 내 머릿속을 스쳐 지나간다. 2013년에 결혼하여 아이가 벌써 10살이 되었으니 세월은 참 유수와 같다. 아이를 낳고 산후우울증을 앓고 있을 때였다. 주위에서 중국어 강사를 하면 어떻겠냐고 조언했으나 별로 하고 싶은 마음이 없었다. 처음부터 끌리지는 않았다. 이후에도 자주 듣다 보니 어느 순간 머릿속에 생각이 하나 스쳐지나갔다. '아, 우리 아이에게 중국어를 가르쳐주면 되겠다.' 나는 바로 IPA 국제 중국어 교사 자격증 시험을 준비했다.

열심히 공부하여 자격증을 따고 나서 기관, 소그룹 스터디 등 중국어를 재능기부로 시작하게 되었다. 그동안의 경력 덕분인지 추천을 많이 해주서 중국어 강사로 돈을 받으며 활동하게 되었다. 돌이켜 보면 내가 그때 중국어 강사 하길 잘했다는 생각이 든다. 탁월한 선택을 한 만큼 강의를 하면서 감동과 감사, 살아있음을 느끼는 시간들로 채워졌다. 수업은 하면 할수록 '교학상장(敎學相長)'으로 가르치고 배우면서 성장해, 스스로 발전하고 배우는 '일석이조(一石二鳥)'가 되었다.

학원이나 기관에서 강의할 때 특별한 자격이 필요한 것은 아니다. 다만 4년제 학위, 그리고 중국어 강사인 만큼 중국어 전공자나 중국어 관련 자격증이 있으면 면접 볼 때 무척 유리하다. 물론 실력은 기본이다. 아직 대한민국에서는 해당 자격증 있는지 많이 물어본다. 난 2019년 코로나 위기가 오면서부터 책을 쓰기 시작했는데 바로 『하루 10분 놀이 중국어』이다. 성공한 강사들은 책을 쓰면 강사로서의 몸값이 올라가는 것을 너무나 잘 알고 있다. 심지어 저서가 있는지 없는지에 따라서 강의 채택 여부를 결정되는 곳도 많다. 그리고 몇 권의 저서를 갖고 있느냐에 따라 그 강사의 전문성을 판단하기도 한다.

나는 중국어 강의 뿐만 아니라 다문화 강사와 다문화가족 대상으로 '퍼스널 브랜딩' 마케팅 강의도 한다. 다문화가족으로서 이 강의가 희소성 있기에 1인 기업을 꿈꾸는 분들에게 도움이 되는 강의를 하고 있다. 나의 지식과 경험이 누군가를 도울 수 있는 재능으로 발전되니 보람 있고 기쁜 일이다. 나는 앞으로도 계속 선한 영향력을 끼치는 메신저로 살고 싶다. 지금도 메신저의 사명감을 갖고 열심히 달리는 중이다.

놀이 중국어, 사자성어, 한자 강의를 한다

나는 불과 몇 년 전만 해도 완전 초보 중국어 강사였다. 초보 강사 시절엔 실수 투성이었다. 시행착오 없이는 발전도 없다. 실수는 성공을 향해 성장하기 위해 걸어가는 과정이다. 시행착오를 바탕으로 지금은 책도 쓰고 작가로 활동하고 있다. 잘 해낸 스스로가 너무 대견하다. 이제는 아이들의 돌발 행동에도 당황해하지 않을 만큼 꽤 적응했고 여유가 생긴 것 같다.

현재 어린이집, 유치원, 초등학교, 중학교, 문화센터 등 다양하게 중국어 강의, 중국 문화 수업, 스토리텔링 사자성어, 한자 강의를 하고 있다. 아직도 첫 어린이집 수업이 생생하다. 아이들 앞에 서니 왜 그렇게 떨리던지, 아이들의 초롱초롱한 눈망울로 나를 바라보는 시선이 지금 생각해도 심장을 쿵쿵 뛰게 만든다. 그때는 많이 긴장했나 보다. 그 후 몇 번 수업을 더하니 점점 더 아이들과 호흡도 잘 맞고 전체적인 분위기를 잡고 여유가 있는 수업을 할 수 있었다.

어린이 대상으로 강의를 많이 하다 보니 교구 만들기는 기본이었다. 교구 만들기를 준비하는 데는 꽤 많은 시간이 소요된다. 모든 것이 뚝딱 만들어지는 게 아니다. 가끔 유치원에 만든 교재를 갖고 가면 선생님들이 이런 교재는 어디서 사냐고 물어보곤 한다. 직접 만들었다고 하면 다들 입을 쩍 벌리고 감탄한다. 유치원 선생님을 해도 손색없다면서 폭풍 칭찬을 해준다.

역시 나의 노력은 배신하지 않았다. 많은 시행착오 끝에 교구를 사용해 보고 다시 재수정해서 수업에 사용하곤 했다. 가끔 귀찮고 피곤하지만 아이들이 중국어를 받아들이는 것이 달라져 보이기 때문에 더 열심히 노력했다. 아이들의 집중력은 한계가 있다. 짧은 시간에 아이들의 시선을 사로잡아야 한다. 특히 4~5세 유아들은 조금만 틈을 줘도 딴짓한다. 최대한 아이들이 집중할 수 있게 중간 중간 시선을 빼앗기지 않으려 노력한다. 특히 연령대가 낮은 어린 아이들은 집중 시간이 짧기 때문에, 공부한다는 느낌을 주기보다 놀면서 자연스럽게 노출될 만한 환경을 꾸며 주는 것이 중요하다. 예를 들어 종이접기를 하면서 색종이의 색상을 중국어로 함께 배우고 말하다 보면 자연스럽게 중국어를 받아들이게 된다. 아이들의 언어 습득력은 스펀지처럼 흡수가 빠르다. 인풋과 동시에 아웃풋이 된다. 그대로 모방하여 잘 따라하곤 한다.

중국어를 배우는 대상으로 온라인과 오프라인 수업을 한다

2019년 이전까지 나의 모든 수업이 오프라인이었다면, 코로나 이후 전 세계시장의 변화에 발맞춰 나 역시 온라인 수업에 더욱 중점을 두게 되었다. 언택트 시장이 우리의 삶을 바꾸고 있고, 앞으로도 이러한 추세는 지속될 것이다. 코로나가 한창일 무렵 나는 초등학교 수업을 온라인 ZOOM(줌)으로 하게 되었다. 처음에는 ZOOM(줌) 수업이 나한테 익숙치 않아 낯설고 불편했는데 지금은 오히려 더 편하다. 왜냐하면 이동시간도 줄고, 교통비도 절감되기 때문이다. 하지만 어떤 경우든 양면성은 있다. 오프라인에서는 아이들 표정과 행동 하나하나를 직접 볼 수 있지만, ZOOM(줌) 수업은 집중력이 좀 떨어진다. 수업 집중도와 참여도, 피드백 등을 향상시키기 위해서는 노력이 필요하다.

또한 어린이 대상으로 수업을 하다가 2년 전부터 성인 수업도 하고 있다. 성인 수업을 하다 보면 취미라던가 같이 공유할 수 있는 부분들이 많아서 매력적이다. 수강생들을 보면서 동기부여도 많이 되고, 하루도 헛되지 않고 알차게 생활하는 분들을 보며 많은 걸 느끼기 때문에 다양한 부류의 사람들과 소통하며 성장하는 나를 만날 수 있다.

어느 날 카톡에 문자가 와 있었다. 싱가포르에서 국제학교에 다니는 학생의 학부모였다. 블로그 보고 연락하게 됐다고 했다. 자녀분이 방학에 중국어 과외를 받고 싶다는 상담 문의였다. 귀국 후 나는 그 자녀분에게 과외를 해주기로 했다. 중학교 1학년 여학생이었는데, 중국어로 소통해도 전혀 문제가 없었다. 그 아이와 수업 시간 중 95% 이상 중국어로 즐겁게 한 것 같다. 짧은 4주여서 아쉬웠지만, 그 아이는 잘할 수 있을 거라는 확신이 든다.

온라인 ZOOM(줌)으로 중국어 수업 재능기부도 하고 있다. 직장인 대상으로 다양한 연령대 수강생들이다. 1년이 지나면서 지금은 가끔 오프라인에서도 만나기도 한다. 만나서 중국어 수업도 하고, 맛나는 음식도 먹고, 커피를 마시면서 수다를 떨기도 한다. 회사에 다니면서 언어 공부를 한다는 게 쉽지는 않다. 웬만한 의지와 목표가 없으면 중간에 포기하게 된다. 다행히 그들은 서로 동기부여 해주면서 팀원이 서로를 잘 이끌어 준다.

수강생들이 변할 때 보람이 있다

나는 강사로 활동하면서 제일 보람을 느낄 때가 가르치는 학생들의 성장이다. 강사로서 좋은 점은 내가 비록 가르치는 입장이지만, 가장 큰 수혜자는 자신이다. 그리고 제일 많이 성장한다. 중국어 강사를 선택한 것이 내 인생 최고의 옳은 결정이었다. 나는 배우는 것을 너무 좋아하고 무언가에 열정을 갖고 몰입할 때 희열을 느낀다. 그래서 강의에 모든 것을 쏟아붓고 강의를 끝마치고 나왔을 때 성취감과 만족감을 더 크게 느낀다.

강의하는 동안 끊임없이 준비에 준비를 더 한 나날들이었다. 경력 10년이 돼가는 강사이지만 조금이라도 더 쉽게 이해시키기 위해 조금이라도 덜 지겹게 해주기 위해 노력해야 하는 것이 강사의 몫이기도 하다. 그 과정이 힘들기도 했지만, 또한 나를 발전시키는 원동력이기도 했다. 강의 스킬은 강의 준비를 하면서 또 학생들과 호흡하면서 점점 늘어간다. 어느 누구나 꿈을 향해서 나아갈 때 최종 꿈은 주연이지 조연은 아닐 것이다.

중국어 강사는 근무 시간을 조정할 수 있고, 쉬었다가 다시 일을 할 수 있고, 근무지역을 선택할 수도 있다. 이런 점들이 강사로서 좋은 직업이다. 강사로서 성공하려면 성실성과 책임감이 있어야 한다. 또한 강사를 하다 보면 나를 믿고 따라주는 학생들과 함께 할 수 있어 너무나 행복하다. 누군가를 가르친다는 것은 돈을 벌기 위해서만 일하는 것과는 다르다. 신뢰가 바탕이 되어야 하고, 그 신뢰를 지키려고 무척 노력해야 한다. 그 과정속에 보람도 생기고 행복도 배로 느낀다.

중국어 강사를 하면서 내 중국어 실력도 더욱 향상시키고, 많은 사람에게 긍정적인 영향을 줄 수 있다고 생각을 하게 되었다. 그럼 좋은 강사란 어떤 것일까? 스스로 질문해보자. 학습자 입장에서 고민해 본다. 처음 중국어를 접하는 이라면 흥미와 자신감이 없을 때 학습 지속력이 떨어진다. 현대 언어학의 아버지로 불리는 언어학자, 철학자, 인지과학자, 역사학자, 사회평론가 놈 촘스키(Noam Chomsky) 박사가 한 유명한 말이 있다. "새로운 언어를 빨리 배우는 가장 좋은 방법은 모국어를 최대한 빨리 잊는 것이다."라고 했다. 아마도 익숙한 언어의 사용을 최대한 줄이고, 우리의 뇌가 새로운 언어체계를 받아들여야 한다는 밀이 아닐까 싶다.

가족과 함께 하는 시간이 부족하다

가끔 "중국어 강사로 일하려면 어떻게 해야 되는지", "수입은 어느 정도인지"에 대해 묻는 사람들이 있다. 중국어 강사의 수입이 전반적으로 많은 게 아닌데다가 매달 고정 수입이 보장되는 것이 아니므로, 아무래도 수입을 고려하는 것이 현실적이다. 물론 수입이 많은 인기 스타들도 있지만, 평균 수준을 보면 중국어 강사는 영어 강사에 비해 수입이 낮은 편이다. 적게 벌더라도 아껴 쓰면서 본인이 좋아하는 일을 하고 싶다면 중국어 강사를 직업으로 선택해 볼 만하다.

중국어 강사라는 적성에 맞으면 돈에 상관없이 도전해 볼 만하다고 생각한다. 정말 자신의 적성에 맞는지, 하고 싶은 일인지 먼저 확인해 봐야 한다. 왜냐하면 하고 싶은 일을 하다 보면, 힘들어도 잘 이겨내고 결국에 그 분야에 전문가가 될 가능성이 크기 때문이다. 그러나 그 가능성은 그 직업의 길에 들어온 후에 자신만의 무기를 만들어 내는 차별성, 힘든 자기 자신과의 싸움에서 끊임없이 이긴 자에게 준비되어 있는 것이기도 하다.

대한민국에 수많은 중국어 강사들 가운데 고액 연봉을 받는 강사는 몇 안 된다. 그 외에 강사들은 일반 직장인보다 훨씬 못 미치는 급여를 받는다. 따라서 중국어 강사의 길을 걷는다는 게 쉬운 일은 아니다. 그 길이 잠시 머무는 곳이 아닌 평생 머물 곳으로 삼을 이들에게는 나는 자아실현의 장이 될 수 있음을 스스로 보여주고 노력하고 있다. 수입이 적어도, 힘든 일이 있어도 내가 하고 싶은 일이었다는 그 이유 하나만으로 별로 힘들다는 생각을 안 하고 지금까지 할 수 있었던 버팀목이 되었던 것 같다.

특히 나처럼 여성 강사들의 경우에는 육아, 출산 등 가사 일에 대한 부담 때문에 일을 포기하는 경우가 많다. 그렇다 보면 가족과의 관계도 소홀해지기 마련이다. 그리고 아침부터 저녁까지 계속 강의해야 하는 강행군을 하다 보면 체력적 부담까지 생길 수 있다. 이를 극복하기 위해 노력도 해야 한다. 그래서 나는 아침저녁으로 한 시간씩 걷기 운동으로 체력을 기르고 있다.

기억에 남는 60대 직장인 수강생

2021년 8월 뜨거운 여름날에 모르는 번호가 찍힌 전화가 한 통이 왔다. 우선 네이버 검색해서 연락해 오셨는데, 중국어를 배우고 싶어 상담받고 싶다고 해서 날짜를 잡고 상담을 해드렸다. 60대 직장인인데 언어에 대한 갈망과 열정이 대단하셨다. 상담을 통해 이분은 취미로 중국어를 배우려는 것이 아니라, 앞으로 무역회사 창업을 위해 배우려는 것을 알게 되었다. 그리하여 수업은 주로 회화 위주였다. 계획이 반이다. 계획 세우기는 생각보다 중요해서 방향을 잃거나 시간을 허비하기 쉬울 때, 나침반이자 기준이 되어 주기 때문이다. 계획이 열정과 더해질 때 비로소 그 노력은 결실로 나타낸다.

첫 수업 때부터 생각보다 수강자가 잘하서 조금 놀라긴 했다. 전에 배워보신 적이 있으시냐고 물어봤더니 없다고 하셨는데, 그는 일하는 시간 외에 자투리 시간을 이용하여 중국어 공부를 한다고 하셨다. 그는 언어에 대한 열정 많고 배우고자 하는 태도가 남달랐다. 모르는 문제가 있으면 자주 질문했다. 아는 만큼 보이는 것이라고, 그의 중국어 실력은 조금씩 점점 늘기 시작하고 본인도 놀라서 흥분을 감추지 못했다.

그는 성실하게 수업에 참여했고 수시로 카톡으로 질문도 하고, 궁금한 게 있으면 질문을 메모해놓았다가 수업 날 꼭 물어보는 절실함도 지녔었다. 절로 되는 것이 하나도 없다는 말은 맞았다. 노력에는 대가가 따른다. 노력은 반드시 배신하지 않는다. 하나의 점을 찍을 때는 어떤 선을 만들어갈지 모르겠지만, 분명 점들은 모여 하나의 선을 이룬다. 모두의 행동 하나하나가 우리 인생의 전환점이 될 수 있다. 오늘의 미약한 이 한 점이 모여서 미래의 선이 되어 인생의 흐름을 바꿀 수 있다.

모든 언어가 마찬가지겠지만 자주 사용하지 않으면 잊게 된다. 특히 외국어는 더 그렇다. 숙련되지 않을 때는 하루라도 게을리하면 실력이 멈추거나 퇴보한다. 외국어 공부는 일상화 되어야 한다. '하루도 외국어를 학습하지 않는 날은 없다'고 마음먹는 것이 중요하다. 진정한 언어 학습자가 평생 갖춰야 할 습관이다. 언어 공부는 미션이 아니라 습관이다. 이를 위해 목표를 세우고 실천해야 한다.

첫째, 매일 반드시 중국어 공부를 반복한다.
둘째, 중단기 목표를 세운다.
셋째, 자신에게 맞는 공부법을 찾는다.
넷째, 슬럼프를 극복한다.
다섯째, 외국에 온 것처럼 환경 세팅한다.

수강자분이 제일 바라던 것이 선생님인 나와 중국어로 일상 대화하는 날을 기다리는 것이라며 열심히 자투리 시간을 이용하여 공부했단다. 난 그 학습자에게 중국어 잘하는 모든 노하우를 자세하게 알려주었다. 학습자는 내가 알려준 방법대로 잘 따라와 주었다. 사실 모든 학습자에게 알려줘도 실천하는 자가 많지는 않다. 그는 절실함과 성실함에 더해 얼마나 피나는 노력을 했을까? 나는 정말 감동했다. 그의 노력이 헛되지 않고 더한층 중국어라는 언어로 퀀텀 성장을 하길 바란다.

강의는 나에게 힐링하는 시간이다

내게 강사라는 직업은 감동과 즐거움이 공존하는 매력적인 직업이다. 중국어 강사로 일한 십수 년간 주위에서 강사 수입으로만 집을 샀다는 동료 강사는 별로 많지 않다. 중국어 강사는 돈을 많이 벌 수 있는 직업은 아니다. 하지만 중국어 강사라는 직업이 괴로워서 힘들었다는 동료 강사도 또한 한 명도 없다. 오히려 수업하면서 힐링이 많이 된다는 말은 수도 없이 많이 들은 것 같다. 집에서 힘들어도 수업 가면, 언제 힘들었냐는 듯이 다 잊어버리고 수업을 즐기면서 박장대소(拍掌大笑)를 하는 경우가 참 많았다.

수업하다 보면 참 나를 웃게 하는 일이 많다. 중국어 성조를 다르게 해 전혀 뜻이 달라져 웃고, 말도 안 되는 중국어 문장을 만들어서 웃기도 하고, 중국어 노래를 들으면서 재미있어서 웃기도 하고, 중국어로 잘 이야기하다가 갑자기 'he'라는 단어에 성조를 넣고 말해서 웃기도 하고, 지나가다가 만나면 중국어로 인사를 받으면 기분 좋아서 웃기도 한다. 직업 때문에 스트레스를 받는 게 아니라, 오히려 개인적인 스트레스도 수업하면서 다 날려 보낸 것만 같아 이보다 더 값지고 보람 있는 직업이 어디 있으랴 생각해 본다.

순간순간 즐거운 일도 많았고 크든 작든 감동을 준 시간도 많았다. 성조 부분이 자주 틀려서 지적받던 친구가 오늘 갑자기 잘해서 칭찬받고, 지난주까지만 해도 듣기가 잘 안되던 친구가 귀가 뻥 뚫려서 감동을 주고, 성조, 병음도 모르던 학생이 몇 개월 후부터 나와 중국어로 일상 대화를 하면서 감동을 주고, 정말 이외에도 많은 감동을 준 사람들이 많다.

중국어 수업 시간은 내게는 힐링 타임인 것 같다. 눈도 즐겁고 마음도 즐거우니 수업이 즐거울 수밖에 없다. 다들 중국어라고 하면 어렵다고 생각한다. 왜냐하면 성조가 어렵다, 한자가 어렵다고 많이 말한다. 하지만 이 책을 읽는 독자들에게 나는 그 틀을 깨주고 싶다. 중국어 과연 어렵기만 할까? 그렇지 않다. 중국어가 왜 쉬운지 간단히 알려드리고 싶다.

1. 익숙한 한자와 동음(同音)이 많다. 우리나라는 한자 문화권이며, 우리말의 70%가 한자어에서 착용되었기 때문이다.
2. 존칭어가 없고 어휘가 짧다. 조금 정중한 표현과 어감이 있을 뿐, 어휘 속에 의미가 축약되어 있다.
3. 문법구조가 간단하다. 동사 시제 변화가 없다.

강사가 되고 싶은 그대에게

중국어 강의를 하고 싶거나 혹은 준비하고자 하는 후배님들에게 해주고 싶은 말이 있다. 시작이 반이다는 말이 있다. 어떤 분야든 마찬가지인 것 같다. 우선 생각해야 할 것은 바로 다음과 같다. '왜 중국어 강사가 되고 싶은지?', '어떤 강사가 되고 싶은 건지?'에 대해 스스로 질문을 하고 답을 말해보자.

모두가 그런 것은 아니지만 대부분 중국어 강사들이 배가 고프다. 사람들이 급하지 않으면 쉽사리 배우려 하지 않기 때문이다. 더 급한 것은 우선은 영어라고 생각한다. 하지만 강의가 적성에 맞고, 프리랜서로서 또 하나의 스킬을 더 가지고 싶은 사람이라면 추천한다.

그리고 다른 사람을 가르치는 게 재미있는 분들은 하셔도 좋다. 힘들고 어렵더라도 꿋꿋이 이겨낼 수 있지만, 종종 취업이 안돼서 전공을 살리기 위해 강사의 길에 들어오신 분들이라면 말리고 싶다. 힘들면 포기하게 된다. 그럼 시간 낭비만 될 뿐이다.

강사의 스킬은 한순간에 얻을 수 없고, 많은 강의 경험을 통해 얻어지는 것이라 생각한다. 중국어 강사가 되기 위해 어떤 경험을 쌓아야 하는지 막막해하시는 분들 많을 텐데 우선 강의 경험 혹은 누군가를 가르쳐 본 경험이 없으면 재능기부부터 시작하여 나랑 잘 맞는지도 확인한 뒤, 개인 과외, 그룹스터디, 어린이집 수업 등을 통해 강의 경험을 쌓으시는 걸 추천한다.

중국어 강사라는 일은 3가지가 중요 핵심 키워드는 아래와 같다.
첫째, 중국어와 학생에 대한 애정이 있어야 한다.
둘째, 실력이 있어야 한다.
셋째, 정성이다. 정성이 지극하면 동지섣달에도 꽃이 핀다는 속담이 있다. 정성이 있으면 누구라도 할 수 있다. 제일 중요하다고 생각하는 것이 강사가 정성을 보이면 학생들은 감동으로 보답해준다.

작은 경험일지라도 누군가를 가르쳐 보시는 건 매우 큰 자산이라고 생각한다. 이러한 경험을 쌓으면 취업 때 혹은 강사로서 첫 강의를 시작할 때도 많은 도움이 된다. 궁극적으로 내가 학원을 차리거나 1인 기업으로 성장한 것을 목표로 삶을 수도 있다.

중국어 강사를 꿈꾸는 여러분들 꿈을 응원합니다.

나는 사람을 아름답게 하는 강사다

딸아이가 5살 무렵, 사과를 그리라 했더니 이상한 모양을 그리더니, 크레파스의 색을 다 가져다 칠하는 모습을 보았다. "채원아, 사과는 동그랗고 빨개."라고 말했다. 하지만 채원이는 나를 이상한 눈으로 보며 "사과는 다 달라!"하고 소리를 질렀다.

그날 나는 무릎을 탁 치며, 사과 하나만 놓고 봐도 맛과 향과 색이 다 다른데, 사람은 오죽할까 했다. 나는 어떤 색, 어떤 향, 어떤 빛깔의 사과일까? 너와 나는 어떻게 다른 아름다운 결을 가지고 있을까? 그 빛을 밝힐 다양한 도구들을 가지고 이미 아름다운 당신을 더욱 밝게 빛나게 하는 시간을 함께하는 강사이고 싶다.

사람을, 삶을 아름답게 하는 강사
함께 행복한 가치를 사는 사람
사람의 내면과 외면의 아름다움을 각자가 가진 빛으로 빛내고 그 빛들이 아름다운 지구별의 조화로운 그림을 그려내는 세상을 꿈꾼다.

김효선

김효선 ●●●

- O 퍼스널휴 [머리끄댕이] 대표
- O 코어컬러 스페셜리스트
- O 수지 에니어그램 전문 강사
- O 미용사
- O 색채심리상담사
- O Ceo프로젝트 트레이너
- O 컬러이미지 컨설턴트

이메일 duldik@hanmail.net
블로그 https://m.blog.naver.com/duldik
연락처 010-4780-6047

멋있어 보이는 강사에 반해 강사를 꿈꾸다

　나는 속된 말로 공순이 출신의 강사이다. 가장 열심히 공부해야 할 시기에 가장 열심히 놀았고, 집이 싫어서 빨리 돈을 벌어 독립하고 싶었다. 상업고등학교를 졸업하고 수원에 있는 전자 공장에 취업했다. 같은 시간을 일해도 월급이 달랐고, 공순이라는 소리를 들으며 기계처럼 대하는 관리자를 보고 난 분노했다. 그는 전문대학교를 졸업한 현장관리자였다. 그래서 오기로 전문대학교에 입학했다. 공업대학교를 졸업하고 삼성전자 정보통신연구소의 무선 개발팀의 연구원으로 파견되어 파견사원으로 근무를 하게 되었다.

　근무하는 동안 워크샵과 직원 의무교육 등 멋지게 차려입고 사람의 심장을 흔드는 이야기를 하는 강사들을 만나며 나도 저렇게 될 수 있을까 동경했다. 그러다 파견사원으로 있던 연구소 내의 소속부서가 공중 분해되고 나는 중소기업으로 스카웃되었다. 이때 알았다. 나는 삼성병에 걸려 있었다는 것을 말이다. 여사원은 아무리 전자 계통에서 10년을 일해도 전표 처리를 하고 전화나 받으라는 소리를 듣게 되는 현실을 마주하게 되었다.

이후 과감히 퇴직하고 미용 기술을 배웠다. 기술교육을 하던 당당하고 빛나던 그 아름다운 강사를 보며 다짐했다. '10년 동안 미용에만 집중할 테지만 어디 강단에 한번 못 서겠어? 할 수 있어.' 그렇게 미용을 시작하고 나는 7년 만에 100% 예약제 미용실 '머리끄댕이'를 오픈하게 되었다. 그러다 정부에서 지원하는 경영컨설팅을 받던 중 한 강사님과 삶의 가치와 철학을 이야기하게 되었고, 7년 넘게 다이어리 맨 뒷장에 써오던 마음을 말하게 되었다. 그 경영컨설턴트는 이미지 메이킹 강의를 겸하던 강사님이셨는데 내게 "어디 강의 한번 해보실래요?"라고 말씀하셨다.

그때 마치 크리스마스 때 산타할아버지에게 선물 받으려고 1년 동안 착한 아이로 노력하며 지내다가 선물을 받은 날의 기분처럼 행복했고, 잘 해내야 한다는 중압감을 동시에 느꼈다. 강사님은 새내기 이미지 메이킹 강의 중 30분을 나에게 뚝 떼어주셨다. 처음 밤을 지새우며 헤어, 메이크업 스킬 등의 강의안을 준비하고, 원고를 읽어보고, 영상을 녹화해서 다시 보고, 연습하며 나는 강사를 시작하게 되었다.

사람을 아름답게 하는 기술

미용실을 운영하며 처음에는 펌 기술, 커트 기술, 염색기술에 온 에너지를 썼다. 기술 배우기 바빴던 시기가 지나니 사람이 보였다. 나는 단순히 기술자가 아닌 만나는 한 사람, 한 사람의 삶의 아름다움을 책임지는 사람이었다. 차츰 그들의 삶이 보이기 시작했다. 문을 열고 들어오는 고객들 한 분, 한 분에게 매뉴얼을 파는 것이 아니라 그들의 이미지 70%를 차지하는 헤어 스타일링과 관리법을 잘 안내하고 그 다음 시술까지 연결될까를 고민했다. 그러다 보니 개인 특강의 시간이 되었고 수도 없이 매일 강의하고 있었다고 생각한다.

새내기 이미지 메이킹 강의를 시작하며 이미 해오던 기술들을 안내하는 것은 그저 미용실에서 하던 일의 연장선상이었다. 내가 가장 오래 해오던 일이었고 가장 자신 있는 도구들이어서 이론과 실습을 동시에 가능하게 하는 강의를 했다. 외면의 아름다움을 다루는 강의를 하다 보니, 나의 감각이나 기술에 의존한 강의가 아닌, 고객들의 감각을 키워줄 수 있는 강의가 필요했다. 그 도구로 컬러를 통해 이야기하는 '퍼스널 컬러'를 선택했다. 각자가 태어나면서 가지고 태어난 나의 컬러를 분석하고 그 컬러에 따라 어울리는 헤어, 메이크업, 패션의 스타일링을 제안하며 삶의 방식에 맞는 T.P.O를 제안하는 일은 최근 현대인에게 가장 매력적으로 어필되는 강의이다.

외면의 아름다움을 추구하는 다양한 사람들과 조직들을 만나며, 이미 존재만으로 아름다운 이들을 어떻게 더 빛나게 해줄지 고민하게 되었다. 이때 '수지 에니어그램'이라는 도구를 통해 각 개인의 유형적 패턴과 존재의 아름다움, 회피와 방어, 아픔, 빛과 그림자를 다루는 통합 인지 심리프로그램을 만났다. 이는 각 본질을 알고 개인과 조직, 가족, 공동체 등의 유기적인 연관관계를 함께 다루고 있다.

현재 비영리단체를 위한 감마기반 리더십 도구인 'CEO 프로젝트'를 통해 조직 활성화 트레이닝을 하고 있다. 마을 공동체 지원센터 및 마을 공동체를 위한 프로그램으로 주로 강의하고 있으며, 학생들을 위한 '라이프 CEO 프로젝트'를 통해 총체적 경영 마인드를 갖게 하는 강의를 하는 중이다.

새로 시작하는 사람을 위한 곳으로 가다

기본적으로 나는 강의의 모든 과정을 오프라인으로 진행한다. 사람은 눈으로 보는 것에 주는 에너지가 있다. 빛이 어떤 물체에 닿아서 눈을 통해 시신경을 자극하고 그것이 뇌로 전달되는 그 지각과정을 통해 우리는 어떤 방식으로든 인지과정에 영향을 받게 되기 때문이다. 그 과정에서 우리는 다양한 에너지를 주고받을 수 있다. 우리 몸에서 뇌와 직접적으로 연결되어있는 그 눈으로 보는 모든 것들, 즉 감정과 생각과 몸으로 연결되는 경험은 오프라인이 훨씬 강력하다고 생각한다. 그러다 보니 대상에 따라서 강의 시간은 최소 2시간에서 6시간까지 다양하게 진행되고 있다.

나는 전주에서 제이컬러이미지 전주지회 대표와 국제퍼스널컬러협회 전주지회 회장직을 맡고 있다. 현재 위탁교육업체인 '퍼스널휴'를 운영하며 '컬러이미지컨설턴트' 양성과정을 진행하고 있다. 원데이 클래스 3급 과정(8시간)과 장기(3시간) 10회 클래스 2급 과정으로 진행하며, 다양한 강의와 취업캠프, 박람회 등을 함께 협력하는 강사들을 배출하고 있다.

대한미용사회 전라북도 전주지회 덕진지부에서 미용인의 인식개선을 위해 경력 10년 이상 미용인을 대상으로 진로 체험 강사양성과정을 매해 진행하며 총 4기수의 강사들을 배출했다. 현재 강사님들은 전라북도의 초, 중, 고등학교로 출강하시고, 취업박람회 및 진로 캠프를 진행하고 계신다.

또한 굿네이버스의 보호 종료 아동들의 자립생활 지원을 위한 '희망디딤돌센터'에서 자립생활을 경험하기 위해 방문하는 보호 종료 예정 아이들과 자립생활 지원을 받는 아이들을 위해 정서적 지원 '존재로 아름다운 나' 프로그램을 진행하고 있다.

수지 에니어그램 전북센터에서 진행하는 전국의 초, 중, 고등학생들과 학부모, 교사들을 대상으로 수지 에니어그램도 진행하고 있다. 후속 작업으로 수지 에니어그램을 통해 만난 나의 본질을 '존재의 책 만들기'로 다시 정리하는 특강 프로그램을 함께 진행한다.

그리고 전주 여성인력 개발센터에서 경력단절 여성들을 위해 취업인식 전환 특강과 국비 직업 교육 훈련과정의 직무 소양 교육을 담당하고 있다. 미용 스텝 과정을 진행하며 뷰티에 관련한 감각을 키우는 퍼스널컬러 헤어스타일링 과정을 진행하며, 다문화 여성 및 경력단절 여성들이 급변하는 한국의 헤어스타일링과 다양한 패션 트렌드를 감각적으로 익히고 연습하는 방법들을 제안하는 강의를 한다.

마지막으로 전주 미술 심리 상담센터에서 가족 마음 치유 프로그램을 방학에 맞추어 특강으로 진행하고 있다. 가족이 함께 하루를 온전히 서로에 대해 알아가는 시간을 보내고 난 후의 그 뭉클한 시간을 심리상담을 받고 계시는 가족들 안에서 신청받아 진행하고 있다.

그 외 다양한 기관과 연계하여 자립생활 지원 프로그램 및 직원역량 강화, 소상공인 창업 교육 및 기술 교육, 자유학기제 진로 교육, 위기 청소년 캠프, 가족 캠프 등을 진행하고 있다. 매번 새로운 기관, 다양한 집단과 연결되고 아이부터 어른까지, 장애인부터 치매 환자 및 가족까지, 초등학생부터 교수님들까지, 취업준비생부터 기관의 기관장들까지, 목사님과 신부님, 스님까지 다양한 사람들과 연결되어 일하고 있다. 그 모든 만남은 새로 시작하는 인연이었고, 시작하는 두려움을 지닌 경계선에 있는 순간들이었다. 동시에 움직일 동기를 부여하고 희망을 만나는 시간으로 만들어왔다고 믿는다.

에너지를 받고 사랑받는 시간

강의하러 가는 날이면 가슴이 벌렁거린다. 새로운 만남에 대한 기대감, 놀라운 배움에 대한 설렘이다. 재미있는 경험과 체험을 바라는 마음이다. 10년여 강의를 해오며 같은 색을 가지고, 같은 본질을 가졌으나 똑같았던 사람을 단 한 명도 만나본 적이 없다. 그러니 매번 만나는 모든 사람의 삶의 모습과 보이는 아름다움이 나에게 선물처럼 느껴진다. 궁금하고 알고 싶다. 이 호기심을 온전히 충족시켜주는 강사라는 직업이 너무 좋다.

나는 자주 강의하며 사심을 채운다. 74kg의 이렇게 예쁘고 매력 있는 사람을 본 적 있느냐고 묻는다. 물론 강의 할 때 나는 나에게 가장 잘 어울리는 베스트 컬러인 핫핑크 컬러 립스틱과 자켓을 입고, 사랑스러운 보조개를 방긋방긋 보여주며 내가 가진 가장 아름다운 부분을 어필한다. "거, 체중계 올라가 봐야지 알겠어. 믿을 수가 없으니 말여."라고 하시며 실제로 체중계에 나를 올라가게 했던 보건소에서의 강의 일화도 있다. 멋지다고 말해주시는 분들이 많고, 나는 매번 그 말을 들을 때마다 마치 꿈을 이룬 마냥 행복해진다.

지금 난치성 희귀질환인 중증 근무력증이라는 병을 앓고 있고, 근육의 피로도가 높아서 100m를 걸으면 1,000m를 뛴 몸 상태가 되는 병이라서 스테로이드라는 부작용이 많은 약을 먹고 있다. 그 약의 부작용으로 나는 얼굴이 빵떡처럼 부었고 몸무게는 84kg이 되었다. 그런데 나는 이 병의 경험을 강의장에서 이야기하며, 아프지만 아픈 사람처럼 보이는 것이 아닌 살찐 것처럼 보이는 상태, 그 상태에서의 매력을 밝히는 방법을 말한다. 그래서 지금 여기 내가 행복을 바라보게 하는 낙천성을 이야기하고 그것에 지지받는다. 강의하며 오히려 이 병을 잘 받아들이고 함께 살아갈 방법들을 배우고 배려를 요청하고 수용 받는 경험을 하며 사회 안에 살아가는 슬기로운 환자인 강사의 행복을 누리고 있다.

특히 협업을 진행할 때는 나와 다른 사람들의 일 처리 방식과 새로운 콘텐츠, 트렌디한 도구 등을 만나게 된다. 그럴 때마다 내가 알던 세상이 확장되는 것을 느낀다. 혼자서는 절대 볼 수 없던 세상들을 만나는 경험들이 생긴다. 판타지 여행을 떠나기 전의 설렘과 같은 기분이 들게 한다. 그것이 나를 강사로 살게 하고 또 강사로 사람들과 연결되게 하는 좋은 점들이다.

나를 불태우는 무절제

지난 시간 나는 강의료를 받으면 강의를 들으러 다녔다. 내가 처음 받은 강사료는 2013년 12월 눈이 많이 오던 날 순창의 한 고등학교에서 '새내기 이미지 메이킹' 강의로받은 3만 5천 원이었다. 한 시간 정도의 거리를 눈길이라 두 배는 걸려서 도착했고, 메인 강의가 끝나길 1시간 30분 기다렸다 30분을 강의하고, 다시 더 쌓인 눈을 헤치며 돌아왔다. 당시 나에게는 강의의 도구이자 무기가 미용 기술뿐이었다. 그 이후 나는 매해 상반기는 자격증과 강의에 관련된 스킬들을 배웠다. 강사료를 교육비에 다시 재투자하는 시간을 6년 보냈다. 마치 게임에서 아이템을 현질로 장착하듯 말이다. 지금도 여전히 새로운 교육을 배워서 습득하고 싶은 교육의 무절제에 빠져있다. 이것은 장점이자 단점이다. 항상 부족하다고 느끼게 되기 때문이다.

강사로 살다 보면 사람에게 에너지를 받기도 하지만 에너지를 빼앗길 때도 있다. 지난 10여 년 동안 강의 피드백이 좋기만 한 건 아니었다. 특히 내가 하는 수지 에니어그램이나, 색채 심리와 관련된 강의들은 기본적으로 6시간에서 7시간씩 자신을 들여다보는 내용이다 보니 가끔 저항이나 방어를 강하게 하는 대상자들을 만나기도 한다.

'지가 뭔 데 나를 평가하고 이래라 저래라야' 하며 쌍욕을 들은 적도 있다. 퍼스널 컬러로 스타일을 제안하다 보면 자신의 스타일을 지적질했다고 느끼시는 대상자들도 만난다. 그럴 때면 그 강의장 안에서 내가 우주의 먼지처럼 아무 쓸모가 없는 존재가 되는 것처럼 느껴졌다. 어디 조그마한 구멍이라도 있다면 머리를 박아 넣고 그곳에 소리 지르고 울고 싶은 날들도 있었다. 그런 두려움들을 직면해야 하는 어려움은 내가 강사로 당당하게 서는 데 가장 큰 걸림돌이었고, 그러다 보니 끊임없이 나를 들여다보고 나에 대한 자각이 필요했다. 나를 성찰하는 공부를 멈출 수 없게 만드는 일이 강사인 것 같다.

강사로서 가장 힘들었던 것은, 내가 하는 말 그대로 실천하며 사는 것이었다. 그것이 강사로서 사는 나의 책임감이고 그것이 가장 큰 힘 듦이라고 생각한다. 지금도 강의 의뢰가 들어오면 나는 고민하게 된다. 어떤 기업체가 2시간에 100만 원의 강의를 제안하는데, 같은 날 열악한 기관의 재능기부 강의가 들어오면 나도 사람인지라 기업체의 강의를 선택하고 싶은 유혹에 휩싸인다. 훨씬 편하고 대우받고 멋져 보이는 그 일을 하고 싶다.

하지만 내가 말하는 삶을 아름답게 한다는 그 가치와 철학에 맞는가를 다시 고민한다. 그러고는 나를 더 멋지다고 생각하며 혼자 뿌듯해한다. 강사로서 지금도 힘든 건 거절을 하는 것이다. 나는 거절을 잘하지 못하는 사람인데, 특히 방학 기간이나 신년이 되면 강의 의뢰가 많이 들어온다. 그럴 때면 거절을 해야 할 일들이 많아지고, 그것은 나에게 너무 힘든 일이다. 특히 재능기부형의 강의를 채워두었는데 정말 하고 싶었던 기관에서 섭외연락이 오면 온몸으로 흔들리는 건 사실이다. 10년쯤 지나 돌아보니 이제는 흔들림이 덜하지만, 여전히 거절은 힘들다.

마주 잡은 장애인 남학생의 손(그 온기를 전하는 친밀감)

특수교육지원센터에서 자립생활 지원 프로그램으로 자기관리의 기술을 배워보는 강의를 할 때였다. 장애가 있는 초등학생부터 중학생까지 아이들의 기본 위생교육을 할 때였는데, 한 남학생은 생활 보조해주시던 선생님들도 돌발 상황이 생길 수 있으니 배제하고 강의를 진행해달라고 하셨다. 난 그 아이에게 수업 내내 함께 할 것을 묻고, 답을 듣고, 수용하기를 반복했다 6번쯤 했을 때, 그 아이가 스스로 비누를 잡았고 스스로 손을 씻었다. 까만 거품이 사라지고 손이 하얗게 되었다. 내내 화난 표정이던 아이가 자신의 코에 손을 대고 향기를 맡았다 다시 내 코에 손을 대며 웃었다. 그 아이는 돌아가는 길에 활동 보조 선생님의 손을 처음으로 잡고 갔고 나의 손을 지긋이 잡아 그 온기를 나에게 전해주었다. 그날의 온기가 전해지는 친밀감과 감동을 지금도 잊을 수가 없다.

한번은 수지 에니어그램으로 경력단절 어르신들을 위한 프로그램으로 60세 이상 남성분들과 6시간 프로그램을 하던 날이 있었다. 나는 자신의 에너지를 모두 카드 하나나 두 개로 표현해둔 10여 명 중장년의 남성분들과 작아진 어깨들을 마주하고, 그 삶의 허탈함과 고단함을 함께 나누는 과정을 진행했다. 집에 돌아가시는 길에 한 분이 나의 손을 꼭 잡아주셨다. 그 잡은 손에 온기는 지난날 그 아이가 잡아주던 손의 온기와 같은 따뜻함이었다.

그리고 김제시에서 수능시험을 마친 고등학생들 500여 명을 대상으로 퍼스널 컬러를 통한 나다운 아름다움에 대한 강의를 진행했다. 그때 나는 강의 중, 나의 삐뚤빼뚤한 치아를 보여주며 이를 가리느라고 나의 가장 아름다운 보조개를 학창 시절 친구들이 못 봤다고 이야기했다. 지금은 이렇게 핫핑크색 립스틱을 바르며, 나의 가장 아름다운 부분을 강조하는 메이크업을 한다고 말해주었다. 그러니 단점을 찾아서 가리느라고 분장을 하는 시간을 보내지 말고, 장점을 드러내는 메이크업을 하라고 강조했다.

그때 강의장에서 주근깨 때문에 썩은 바나나라고 놀림 받던 소녀인 '살렘 미첼'이 당당히 자신의 별명을 sns에 드러내며, 바나나를 들고 자신의 얼굴을 당당히 드러낸 사진을 찍어 올려 세계적인 모델 에이전시인 포드 모델과 전속계약을 맺은 사례를 보여주었다. 강의가 끝나고 강단으로 아이들이 몰려와 질문이 쏟아지던 중에 한 아이가 조용히 다가와 내 손을 잡았다. 그러면서 본인 얼굴의 주근깨 말고 눈썹이 얼마나 긴지를 보여주며 마스카라를 추천해 달라고 했다. 그날 그 아이의 말갛게 웃던 모습을 잊을 수가 없다. 그 손의 온기가 주는 따뜻함이 내가 강의를 하러 전국을 돌아다니게 하는 원동력이 되게 하는 것 같다.

매번 다양한 집단과 새로운 사람들을 만나지만 나는 그날의 그 온기를 기억하고 있고, 그날의 향기를 코끝에서 느낀다. 강의장에 들어가는 모든 순간, 나는 오늘 만나는 사람들과도 그 온기가 전해지는 친밀감으로 연결이 되길 기도한다.

내가 경험하고 체험한 삶의 아름다운 메시지를 맛보여주기

　돌아보면 나의 삶은 버라이어티한 삶이었다고 생각한다. 그런 삶 속에 경험과 체험을 누릴 수 있었던 것에 감사하고 있다. 어린 시절 아버지의 강압적인 양육 태도와 술에 취해 힘들게 하던 경험은 나에게 '성장'을 설명할 수 있는 스토리가 되었다. 그 경험을 통해 나는 빠른 자립을 할 수 있었고 그것은 삶의 원동력이 되었고, 내 체험으로 강의를 하다 보니 많은 것들을 재해석하고 용서하고 다시 감사할 수 있게 되었다.

　'공순이 주제에 말이야', '여사원은 전화나 받아'라고 말하며 나에게 상처를 주었던 첫 직장의 생산관리자와 과장님은 그 당시에 나에게 악마이자 원수였으나, 지금은 나를 더 나은 삶으로 이끌어준 고마운 사람이 되었다. 그 경험은 나를 용서할 줄 아는 어른이 되게 했다. 이런 스토리를 이야기하고 말할 수 있다는 것은, 내가 말로 하는 것들을 삶으로 살아가는 강사이기 때문이다. 그런 강사가 되려는 노력이 나를 더 나은 사람이 되게 한다. 그런 의미에서 나는 강사라는 직업이 나를 성장하게 하고, 선한 영향력을 끼치게 하는 사람이 되고 싶게 하는 일이라는 생각에 흔들림이 없다.

또한 나를 더 나은 사람이 되고 싶게 만드는 삶의 스승을 만났고, 그의 삶의 방식을 따르는 것이 지금 내가 강사로 더 멋지게 사는 의미 있는 경험이 되었다. 나도 그런 어른다운 스승이 되고 싶기 때문이다. 그래서 강사라는 직업은 어른이 되어가는 과정을 배우는 일이라고 생각한다.

강사 앞의 한사람 100년의 삶과 브릿지
(그 선물 같은 연결을 누려라)

강사는 결국 내가 가진 어떤 것을, 다양한 방법을 통해 전달하는 일이기에 내가 전달할 무엇이 있는가도 중요하다. 그러니 현재 하는 그 무엇이든 강사로서 모두 쓸 수 있는 도구가 된다. 내가 가장 가슴이 설레는 일, 마음이 가는 일을 10년 이상을 하면, 그 분야에 전문가가 되어있을 것이다. 숨을 쉬듯이 그 일들을 할 수 있을 때까지 가는 그 여정에 다양한 새로운 시도를 해볼 수 있고, 전혀 가보지 못한 신비로운 길들을 만나게 될 것이다. 내 생애 가장 젊은 오늘, 내 삶에 가장 아름다운 오늘, 한 걸음을 시작해라. 그러면 한걸음 온 만큼 새로이 보이는 길들이 있을 것이고 다른 꿈의 방향들이 제시될 것이다.

강사로서 힘든 점에도 앞서 언급했지만 고용이 안정적이지 않고 수익도 일정치 않은 비정규직이거나 개인 사업자인 경우가 많다는 것이다. 경제적인 측면을 안정적으로 관리한다면 오래 행복하게 강사로 살아갈 수 있을 것이다.

스스로가 삶을 진지하게 직면할 때 타인의 삶이 보일 것이고, 그 선물 같은 삶의 결이 만나질 것이다. 강사로 만나는 사람들과 연결되고 그 삶을 들여다보며 내가 누리지 못한 다양한 삶의 체험을 간접경험 하다 보면 내가 성장하는 행복을 맛볼 것이다. 그 행복한 경험을 다른 사람의 삶에 나누는 일을 하는 강사가 된다면 좋은 강사가 아닐까 생각한다.

과거에는 리더십이 있고 강력한 힘으로 책임져주며 새로움을 만들어내는 사람들이 각광받는 시대였다. 지금은 자유롭게 자기표현이 가능하고, 독특하고, 남다른 생각들이 세상에 환영받는 시대이다. 똑같은 생각과 같은 목표를 가지고 세상을 발전시켜오던 시대에서, 각자의 아이덴티티로 목표를 가지고 그것들을 협업하며 형상화하는 일들을 해내야 하는 시대를 맞이했다. 어제와 오늘이 유행이 다르고, 오전과 오후의 크리에이터들의 인기 순위가 바뀌며, 초단위로 음원 순위가 바뀌는 급변하는 세상에 잘 적응할 수 있는 유연함과 융통성을 기른다면 오랜 시간 멋진 강사, 꼭 다시 만나고 싶은 강사가 될 거라고 믿는다.

나는 놀이로 세상을 즐겁게 하는 전통놀이 강사다
놀이를 소개하는 녀자, 놀이로 소통하는 녀자
- 놀이소녀 서연하다 -

대한민국 전통, 전래놀이를 전파하는 사람
놀이가 진정한 통합교육이라 확신하는 사람

10년 동안 했던 학원 강사를 그만두고 진정한 교육을 하며 행복한 세상을 만들기 위해 놀이 강사를 시작하고, 많은 사람에게 전래놀이를 보급하고자 [놀이소녀에듀테이먼트]를 설립했다. 공부는 정말 원할 때 하면 언제든지 할 수 있지만, 놀이를 통한 사회성, 창의성, 인성을 만드는 시기는 놓치면 안 된다고 생각한다.

청소년 자살률이 높은 나라 대한민국!!
한창 밖에서 땀을 흘리며, 몸을 부딪치며 놀아야 할 시기의 아이들이 모두 책상에만 앉아있는 현실이 너무 안타깝다. 특히 중1 때까지는 맘껏 놀면서 몸과 마음을 성장시키고 공부를 시작해도 늦지 않는다. 놀이를 통해 아이들의 웃음을 찾아주고 싶다.

서연하

서연하 ●●●

- K-웰니스자연치유연구소
- tvN 랭킹 전현무 프리한19출연
- 한국전통연보존협회 사무국장
- 한국힐링 교육센터 대표강사
- 문화예술치료학과 석사 중
- 네이버 인물 등재
- 아리랑TV출연

이메일 liz9693@naver.com
블로그 https://blog.naver.com/liz9693
연락처 010-9143-9693

나를 알고 내가 평생 하고 싶은 일을 찾았다

온 동네 떠나갈듯 울어 젖히는 소~리 내가 세상에 첫선을 보이던 바로 그 날이란다.
두리둥실 귀여운 아기 하얀 그 얼굴이 내가 세상에 첫선을 보이던 바로 그 모습이란다.
 ('생일'이란 노래의 한 구절: 가람과 뫼)

아이들이 태어날 때 대부분 가족의 축하를 받으며 세상에 나온다. 물론 그렇지 않은 경우도 있다. 환영받지 못한 아이, 그 아이가 바로 나다. 아들이 귀한 장손의 집에서 이미 두 딸이 있었고 그중 난 셋째 딸로 태어났다. 병원이었다면 인큐베이터에 들어가야 할 상황이었지만 딸이라는 이유로 친할머니는 나를 이불에 돌돌 말아서 방 한쪽 구석에 두었다고 한다. 나의 애정결핍은 이때부터였다. 유난히 수줍음이 많아 엄마 치맛자락을 잡고 늘 뒤에 숨어서 다녔다. 어릴 때 예뻐서 누가 안으려 하면 바로 뒤집어져 한 시간을 울었다.

중3 때 '영구와 땡칠이'란 별명의 단짝 친구들과 친해지면서 나도 그 친구들처럼 점점 앞에 나서기 시작했다. 내 안에 내재해 있던 욕구가 분출되듯이 수학여행 때 춤을 추고 체육대회 때 치어리더를 하면서 친구들과 관계가 넓어졌다. 하지만 지금 생각해보면 본연의 내성적인 성격이 외향적으로 바뀐 건 아니었다. 필요에 따라 외향적 사회성 버튼을 그때그때 사용했던 것이다. 친구를 만날 때는 단짝 친구 몇 명만이 친하게 지냈고, 다른 친구들은 농담하고 인사하는 정도였다. 학창 시절에 무대에 서본 경험으로 지금도 무대를 좋아하고 즐기는 것 같다.

20대에 한글 공부 학습지 교사를 하면서 아이들과 시간을 보내는 것이 즐겁고 보람되었지만, 학습지 회사의 비합리적인 시스템에 두 손을 들고 퇴사했다. 이후 아이들과 만날 수 있는 학원으로 갔다. 그렇게 학원에서 10년을 강사로 살았다. 잘하고 있다고 생각했고 자신만만했다. 늘 그렇듯 시험 기간에는 늦게까지 공부를 시키는데, 하루는 한 학생이 조용히 우는 걸 보았다. 이유를 물으니 '너무 힘들어 죽을 것 같아요.'라고 했다. 순간 멍했다. 아이들과 있는 게 좋고 아이들에게 성적을 올려주면 된다고만 생각했던 나였다.

많은 생각이 스쳐 갔다. 나는 초등학교 때 해가 지도록 놀았는데 저 아이들에게 난 해가 지도록 움직이지도 못하게 책상 앞에 앉혀놓고, 달달달 외우기를 시키고 있구나라는 생각이 들었던 것이다. 그것도 시험이 끝나면 사라질 것을 말이다. 더 이상 아이들을 가르칠 자신이 없었다. 그 후 학원폐업하고 보험, 부동산, 사무직, 사회복지사 여러 직장을 옮겨 다니며 방황을 했다. 10년이 지나 40대가 되어 나에 대해 진지하게 고민하게 됐다. 무엇을 하고 싶어서 이렇게 한곳에 정착하지 못하고 직업을 바꾸는 걸까? 제일 행복했을 때가 언제였는지, 시간 가는 줄 모르고 했던 일이 무엇이었는지, 내가 잘하는 것과 못하는 것은 무엇인지를 고민하고 또 생각했다.

'그래, 강의!' 강의할 때 제일 행복했다. 그런데 더 이상 괴로움을 주는 강의는 하고 싶지 않았다. 나와 수강생 모두가 행복하고 즐거운 강의를 찾아야 했다. 바로 검색하며 자격증을 하나씩 따기 시작했다. 웃음치료사, 전래놀이지도사, 책놀이지도사 등 27개의 자격증을 취득했다. 평소 한옥집, 한복, 풍경을 좋아하는 난 전래놀이에 더 관심이 갔고 전래놀이에 집중했다. 수업을 가서 공부가 아닌 아이들과 놀이로 뛰어노니 가슴속이 뻥 뚫리면서 시원한 마음이 들었다.

한국 전통, 전래놀이 강의를 한다

어릴 적 부모님을 따라 과천에 있는 연주암을 따라다녔다. 종교를 절실히 믿는 것은 아니지만 그곳에 가면 은은하게 들리는 풍경 소리와 목탁 소리가 들리는데 마음이 편안해지면서 좋았다. 그리고 예쁜 단청 무늬들이 너무 예뻤다. 한복을 좋아했지만 비싸서 한참을 기다려서 언니의 한복을 물려 입었는데 그래도 너무 행복했다.

경주, 전주한옥마을, 삼청동 그런 곳이 너무 좋다. 미래의 살집으로 한옥을 생각하고 있고 디자인도 해놓았다. 그래서인지 놀이는 다 좋아하지만, 그중에서도 전래놀이를 특히 좋아한다. 난 어릴 적 동네에서 밥 먹으라는 소리가 들리기 전까지는 집에도 안 들어가고 친구들과 놀았다. 주로 공기놀이, 고무줄놀이를 많이 했다.

학습이 아닌 강의를 하려고 많은 고민을 했다. 처음에 막연히 다시 강사가 되고 싶다는 생각으로 디지털 튜터 자격증을 취득하고, 일주일에 한 번 여주에서 삼척으로 강의를 나갔다. 그리고 틈틈이 좀 더 내가 하고 싶은 강의가 있는지 찾기 위해 여러 기관을 검색하며 자격증을 알아보았다. 그러다 놀이 수업하는 걸 발견하고는 혼자 사무실에서 나대는 심장을 부여잡고 소리 없이 킥킥거리며 쾌재를 불렀다.

바로 신청하고 제주도로 연수를 떠났다. 펜션을 빌려 2박 3일 동안 합숙 훈련을 하는 연수였다. 아침에 눈 뜨면 놀이로 시작해서 밤 10시까지 놀이를 해도 다 배우지 못했다. 헤어질 땐 아쉬워서 꼭 다시 만나서 놀자고 약속을 하며 비행기를 탔다. 워낙 자격증 발급 기관이 많아서 다른 기관들은 어떻게 수업하는지 궁금했고, 두 군데 기관에서 공부를 더 했다.

제주 연수를 갔던 놀자 학교는 전통 느낌이 많이 나는 놀이 위주로 수업을 했고, 하모니 협회는 줌(zoom) 수업으로 만들기 위주의 놀이 수업을 했다. 지금 함께 많이 활동하고 있는 한국 힐링교육센터는 웃음 치료가 기본인 협회의 특성을 살려 전래놀이와 레크리에이션을 접목시켜 재미있는 놀이 수업을 알려주셨다. 여러 기관에서 교육을 받았던 것은 지금 생각해도 탁월한 선택이었다.

세 기관의 장점들을 모아 강의를 만들고 블로그와 유튜브를 열심히 활동하다 보니 수업이 지속적으로 들어왔다. 그리고 한국 전통 연 보존협회와 인연이 되어 연을 협찬받고 지금은 그 협회의 사무국장까지 되었다. 강의를 나가기 위해서는 여러 가지의 변수를 다 생각해야 한다. 준비해 간 놀이가 너무 금방 끝나 시간이 남을 경우, 예상처럼 수업이 재미있게 느끼지 못하는 경우를 대비해서 말이다. 그래서 대안으로 몸 놀이 10가지 정도는 체득하여 바로 즉흥에서 호흡을 맞추어 즐거운 수업으로 이끌어 갔다.

처음엔 내가 즐거워서 시작했고 점점 함께 즐겁기 위해 놀이를 개발하고 연구하게 되었다. 이제는 '놀이로 세상을 즐겁게 한다' 라는 나의 소명이 생겼으며, 그 소명을 이루기 위해 전래놀이 수업만큼은 강사비를 따지지 않고 '예스'를 외치고 강의를 나가고 있다. 나의 이런 간절함을 알았는지 국제방송 '아리랑 방송'에서 전통 놀이 촬영도 하는 행운을 얻었다.

프리랜서, 강사양성과정

나의 주 전문 강의는 전통. 전래놀이 강사다. 하지만 난 자격증 27개를 취득한 강사로 디지털 튜터강의, 웃음치료사 특강, 실버 체조강의, 전자책 자서전 강의, 놀이 인문학 강의까지 다양하게 활동하고 있다. 전래놀이는 주로 학교나 기관에서 12회차로 길게 들어가고, 웃음 치료 특강은 시니어 클럽이나 노인대학에서 주로 한다. 하지만 모든 강사들의 남모를 고민이 있다. 민간 자격증을 따서 이것으로 강의를 나가 돈을 벌 수 있는지 말이다.

2021년부터 자격증을 따기 시작해서 20개 이상의 자격증을 따고 바로 강의를 시작했다. 협회에서 강의를 공지하고 원하는 곳으로 강의를 가기도 한다. 하지만 그건 쉬운 일은 아니다. 이미 기존에 실력 있는 선배 강사님들이 시간이 안 될 때 나에게 차례가 오기 때문이다. 그래서 난 나를 직접 마케팅하기로 하고 블로그와 유튜브를 바로 같이 시작했다. 운이 좋게도 블로그 노출이 잘되어 학교나 기관에서 직접 나를 찾아주어 강의를 바로 나갈 수 있었다.

그리고 모든 수업의 기본은 재미다. 재미가 없으면 강의의 집중도가 떨어진다. 웃음 치료 자격증을 딴 이유이기도 했다. 웃음 치료 강의는 특강으로 많이 잡히는데, 긍정의 메시지와 실버 체조를 적절히 섞어서 2시간을 진행해야 하기에 많은 연습과 철저한 준비가 필요하다. 반응이 좋으신 여사님들의 강의는 호응도 좋고 잘 웃으셔서 상대적으로 수월하지만, 거의 대답도 잘 안 하시고 반응이 없으신 남자 어르신들 대상 강의는 좀 더 긴장하고 신경을 써야 한다.

'놀이소녀 서연하다'를 브랜딩해 주변에서 서연하 강사보다는 놀이소녀로 더 많이 기억하고 찾아주고 있어 지속적으로 전통. 전래놀이 수업에 섭외되고 있다. 스스로 자신의 전문 분야 강의를 지속적으로 공부하고 자신을 브랜딩화 시킨다면 남들과 차별되는 강사가 될 수 있다.

우리나라 역사도 알고, 만나는 사람과 순수하게 놀 수 있다

학교 다닐 때 공부에 관심이 없었다. 그래도 그나마 자신 있다면 국어와 역사였다. 특히 옛날 역사에 얽혀있는 설화를 좋아했다. 전통. 전래놀이를 하다 보니 특히 놀이는 역사와 아주 밀접한 관계를 갖고 있고, 역사 속 인물들이 놀이를 통해 리더십을 발휘한 좋은 사례들도 많다는 것을 알게 되었다.

대한민국 사람이라면 누구나 존경하는 이순신 장군의 이야기가 대표적인 예이다. 계급사회인 조선 시대 때 수군이란 최하위 계급에 속했다. 이때, 이순신 장군이 배 안에서 부하들인 수군들과 자주 하던 것이 '승경도' 놀이다. 이 놀이는 80가지의 직급이 쓰여 있어 놀이하면서 한자로 되어 있는 관직을 외워야 하기에 자연스럽게 놀이를 하면서 글자 공부까지 하게 되었다. 그리고 이순신 장군은 왕을 찾아가 전쟁 중에 목숨을 걸고 싸우는 수군들에게 과거시험을 보게 해달라는 협상을 하러 갔다. 처음엔 크게 반대했으나 전쟁을 이겨야 하는 절박한 상황이기에 파격적으로 자신들의 배 안에 과거시험을 치르는 기회를 얻게 되었다. 그리고 합격하면 바로 양반이 되어 집안 대대로 신분이 승격되었다. 이 얘기를 들으니 당시 수군들이 더 격하게 충성하여 싸움에 임했을 것이 눈에 그려졌다. 이처럼 전통. 전래놀이 강의를 준비하다 보면 자연스럽게 역사를 익히게 된다.

또 좋은 점 한 가지는 사람들이 가장 순수한 모습을 볼 수 있다는 것이다. 모든 근심 걱정을 잊고 아이들은 맘껏 뛰면서 소리를 지르고, 어른들은 어릴 적 동심으로 돌아가 놀이에 푹 빠진다. 그 모습들을 보면서 내가 놀이 강사 하기를 잘했다는 생각을 다시 한번 한다. 특히 행사 때 온 가족이 와서 놀이하면, 세상에서 가장 행복하고 화목한 가정이 된다. 아빠의 제기 차는 모습에 엄마는 멋지다고 칭찬하고 아이들은 아빠 최고를 외치고 아빠를 따라 작은 발로 제기를 힘껏 차 본다. 그리고 그 모습을 자연스럽게 엄마가 카메라에 담아낸다.

체력관리와 이동 거리가 중요하다

전통. 전래놀이 수업에는 체력이 필수다. 초등학교 수업을 가면 아이들의 에너지는 감당하기 힘들 정도로 강하다. 1시간을 뛰어놀아도 지치지 않는다. 반면 어른인 나, 48세인 나는 바로 파김치가 된다. 전날 잠을 못 잤거나 컨디션이 좋지 않으면 큰일이 난다. 나의 텐션은 아이들 수업에 많은 영향을 주기 때문이다. 수업 가기 전에 꼭 비타민을 챙겨 먹고 아침도 든든히 먹는다.

수업을 진행하다 보면 자격증 양성과정 강의일 경우는 수업해야 하는 선생님들이라 마음을 열고 적극적으로 참여하기 때문에 가장 좋은 반응을 받으며 수업이 진행된다. 하지만 초등학생들은 자의반 타의 반으로 수업을 듣고 체력도 각기 다르며 유난히 승부욕이 강한 아이들이 있어 중간에 싸움이 나거나 수업이 축 처지는 경우도 생긴다. 이 경우 처음부터 차근차근 놀이의 규칙을 설명해 주거나 싸우는 친구들은 놀이를 한판 쉬게 해, 놀이를 진행하면서 세심한 주의가 필요하다. 이런 돌발 상황으로 재미있는 전통. 전래놀이 수업이 최악의 수업으로 기억될 수 있기 때문이다.

프리랜서 강사라는 직업의 특성상 이동하는 시간이 많다. 특히나 특강인 경우 지방 수업도 많아 2시간 수업을 위하여 왕복 4시간에서 5시간을 이동한다. 힘들다면 힘들 수 있지만, 나처럼 돌아다니는 걸 좋아하는 사람들에게는 오히려 여행처럼 느껴질 수도 있다. 시간적 여유가 주어진다면 더욱 좋겠지만 내 경우 매일 수업이 있어 속초에 수업하러 갔지만, 바다도 못 보고 그냥 오는 경우도 많았다.

또한 지방이 아니어도 같은 서울이지만 강북과 강남의 거리는 대중교통으로 2시간을 잡고 다녀야 한다. 가서 수업이 2타임이나 3타임 정도를 한다면 너무 좋겠지만, 초보 강사인 내게는 일단 많은 경험이 중요하기에 거리에 신경 쓰지 않고 1타임도 왕복 4시간을 투자해서 다녔다. 이런 시간이 쌓이고 내 몸에 체득이 되면 강의 일정을 조정해서 지방 강의 때, 1박 2일로 전국 일주를 하는 것이 현재 나의 목표이다. 일부러 여행을 가는 것이 아닌 좋아하는 일을 하러 갔다가 덤으로 여행도 할 수 있느니 말이다.

주간보호센터 남자 어르신

전통. 전래놀이로 학교, 노인복지관, 아동센터, 주간 보호 센터 등 많은 곳으로 수업을 나간다. 그중 주간 보호 센터는 치매인지 놀이로 수업을 들어갔다. 몸이 조금은 불편하시거나 초기 치매 증상이 있으신 분들이 어린이집처럼 아침부터 저녁까지 그곳에서 생활하시고 귀가하신다. 전통. 전래놀이는 오감 수업이기에 치매인지에 아주 적합한 수업이다. 치매인지를 하기 위해서는 새로운 것을 하면서 몸을 많이 움직여주는 것이 큰 도움이 된다.

첫 수업으로 콩주머니를 준비해서 갔다. 처음에 앉아계신 상태에서 콩주머니 하나씩을 드리고 손으로 계속 주물러보게 해드렸다. 안에 들어있는 게 무엇인지 상상하게 해 뇌를 자극하고 손을 움직여 손아귀 힘을 길러주는 역할을 한다. 그리고 한 손으로 던져서 나머지

손으로 받는 미션을 드렸다. 처음엔 힘들어하셨으나 재미있는지 집중을 하시면서 던지고 받기를 하셨다. 이 작업은 눈과 손의 협응력을 기르고 집중력을 향상시키는 놀이다. 열심히 하고 계시는데 한 남자 어르신이 "이거 하고 있으니까 비석 치기, 구슬치기를 했던 게 생각나" 하시며 허허허 웃으셨다. 그분의 반응을 보시더니 그곳에 계신 복지사님들이 놀라며 "저분이 저렇게 큰소리로 말씀하시는 분이 아닌데, 정말 즐거운가 봐요." 하며 눈을 찡긋해주셨다.

본인이 즐겁고 재미있으면 몰입을 하게 되고, 몰입을 하게 되면 자신도 모르는 힘이 생긴다. 어떻게 보면 흔하고 별거 아닌 놀이지만 노인분들에게는 콩주머니 하나 세게 잡는 것도 큰 에너지가 들어간다. 통 안에 화살을 넣는 투호 놀이도 어르신들께는 쉽지 않다. 힘들게 일어서서 걸어 나와 팔을 들어올려야 하고 화살을 손가락에 힘을 주어 던져야 한다. 그걸로 끝이 아닌 통 안에 집중하여 화살을 넣어야 성공이다.

평소 말도 안 하시고 움직이는 걸 싫어하셨다던 그 어르신이 큰소리로 말씀도 하시고 직접 걸어 나오셔서 놀이에 집중하시는 모습을 보고, 놀이를 더 많이 공부하고 연구해서 치매인지 놀이에 적합하게 변형을 시켜봐야겠다는 새로운 미션을 나에게 주신 그분이 내 기억에 많이 남는다.

놀이의 의미를 찾고 놀이로 감정이 정화됨을 알리고 싶다

어릴 적을 생각해보자. 누가 시키지도 않았는데 동네 골목에서 삼삼오오 모여 각자 좋아하는 놀이를 하면 자연스럽게 누군가는 리더가 되어 각자의 위치를 정해주고, 친구들을 잘 챙기는 아이는 잘하지 못하는 친구를 깍두기로 만들어 누구 하나 빼지 않고 모두가 함께 놀 수 있도록 배려를 했다. 부당한 결과가 나오면 서로 시시비비를 가려내는 싸움을 하여 싸움이 나지 않도록 다음 놀이 때는 좀 더 규칙을 정교화시켰다.

이렇게 놀이를 자세히 들여다보면 인성 덕목이 모두 들어가 있다. 약한 친구들을 챙기는 배려심, 다른 사람의 차례를 기다릴 줄 아는 예절, 정정당당하게 겨루는 정직함, 자기 팀을 위해 최선을 다하는 책임감, 상대 팀이 못해도 놀리지 않는 존중이 있고, 같은 팀끼리의 협동과 소통이 잘되야 승리를 할 수 있기에 자연스럽게 힘을 모으고 작전을 짠다.

2019년 개정 누리로 놀이학습을 전면 시작하여 얼마나 반가웠는지 모른다. 놀이는 반드시 일상적으로 해야 하고 놀이를 가장한 학습을 시켜서는 안 된다. 놀이만으로도 충분히 인성을 키우고 학습을 할 수 있는 능력을 키울 수 있다. 신명 나게 놀고 나면 가슴속이 시원함을 느낄 것이다. 내 안에 쌓여있던 스트레스가 해소되면서 감정의 해방감을 맛볼 수 있다.

　미숙아로 태어나 인큐베이터에 들어가지도 않고 친할머니의 몰인정한 방치에도 난 살아냈고 건강하게 살고 있다. 또한 내가 자식을 낳을 수 없는 선천성 난임인 것도 나에게 더 많은 자녀를 주려고 한 게 아니었을까? 힘들고 의지할 곳 없는 어린이들이 모두 나의 아이들이라 생각이 든다. 그렇다면 내가 이 세상에 나온 분명한 이유가 있다고 생각했다. '놀이로 세상을 즐겁게 한다.' 라는 슬로건을 외치며 많은 아이들을 만나고 아이들의 행복권을 지켜주는 강사가 되어 나와 함께 뜻을 같이 할 강사양성에 집중하고 있다.

전통. 전래놀이는 놀이를 위한 놀이가 아님을 소통하는 강사

　전통. 전래놀이의 모든 놀이도구는 자연 소재, 놀이 장소는 자연놀이다. 우리의 전통. 전래놀이는 돈이 들지 않는 돌멩이, 나뭇가지 등 별다른 장비나 커다란 공간이 필요 없다. 있는 땅에 그림을 그려서 놀고 나뭇가지로 산가지 놀이 등을 하며 대대로 이어져 내려왔다. 전통. 전래놀이는 가족, 지역사회 등 지역마다 그 특성이 매우 다양하여 비슷하면서도 조금씩 각각의 개성이 들어가 참가자 모두 흥이 넘치는 신나고 재미와 웃음 넘치는 놀이다.

연날리기, 윷놀이 등 모든 놀이가 공해가 없는 자연을 배우는 '친환경(에코) 놀이'다. 도구 없이도 언제 어디서나 놀 수 있다. '민족공동체'를 이어주어 놀이를 통한 공동체 인성을 배우고 서로 다른 '지역의 다양한 색깔이 있는 살아있는 창의 문화'이다. 이런 내용을 그대로 강의한다면 어떨까? 아주 조용한 분위기에 몇몇 분은 상모돌리기를 보여줄 것이다. 나는 놀이를 강의하지만 관련된 역사를 공부하고 놀이를 몸으로 체득하여 수강생과는 함께 즐겨야 한다.

'놀이소녀 서연하강사' 되기까지 많은 길을 돌고 돌아왔다. 왜 이렇게 힘들게 왔을까? 생각을 해보니 내 안에 있는 나를 너무 늦게 만났다. 얼떨결에 아이들을 만나 강사 생활을 했고 그것이 천직인 줄 모르고 돈을 좇아 직업을 바꾸고 그저 사는 대로 살다 보니 공허함만 남는 인생이었다. 47세에 나의 평생 직업을 찾아 진로 선택이 끝났다. 이런 나를 보고 이 글을 읽는 독자들은 너무 많은 시간을 낭비하지 않고, '나'를 찾기 위해 아주 깊이 들여다보아서 내면의 자아와 많은 대화를 나누고 진심으로 하고 싶은 일을 찾기를 바란다.

세상에는 다양한 직업이 있고 그중 강사라는 분야가 있다. 또, 강사영역을 보면 그 안에 너무 많은 세부 영역들이 있다. 어린이, 성인,

시니어 나와 잘 소통할 수 있는 대상의 선택부터 끊임없는 선택을 해야 할 것이다. 그럴 때 본인을 잘 알고 이해했다면 선택하는 데에 큰 어려움 없이 자신이 원하는 방향으로 잘 갈 것이다.

강사에게 있어서 가장 큰 덕목을 '소통'이다. 내 지식을 전달하는 것이 아닌 수강생의 이야기에 귀 기울이고 함께 공감하고 서로 응원해주는 관계인 것이다. 자신을 진심으로 사랑하면 타인도 사랑할 준비가 된 것이다. 자신의 그릇을 키워 만나는 많은 수강생들의 마음을 듬뿍 담을 수 있는 강사가 되길 바란다.

우연히 라디오에서 들은 좋은 글이 있다. 강사를 시작하는 분들에게 꼭 전하며 이 글을 마치고자 한다.

하늘 아래 새로운 것은 없으므로 우리에겐 이미 있던 것의 가치를 재발견하는 것,

내가 느낀 것들을 남들도 이미 다 느꼈고
내가 하고 싶은 일을 이미 다 섭렵한 사람이 있다 해도
세상엔 분명 나의 몫이 있다.
재발견의 기회가 어느 때보다 많은 이 가을을 놓치지 않기를….

나는 삶에 건강과 안전,
행복을 전하는 강사다

1인 기업 사업가, 강사코치, 안전교육강사, 생활체조요가강사
'소중한 내 인생' 건강한 삶, 안전하게 행복한 삶을 전하는 사람

27년간 건설업 계통에서 직장 생활을 했다. 2018년 7월 퇴직 후 기관 및 기업에서 '법정의무교육', '든든행복체조교실' 강사 활동을 한다. 소중한 내 인생 '삶' 속의 안전이 필수, 든든하게 안전하게 행복한 삶을 전달하고자 [든든한 컨설팅]을 설립했다. 삶 속에 우울증과 스트레스를 수도 없이 겪고 있는 곳에 안전한 삶, 건강한 삶 행복을 함께 만들고 있다.

가보고 싶은 곳을 찾아 가보고, 하고픈 것에 도전을 하고, 사람들과 만나 잘 어울리며 추진력이 강한 '든든한 내 인생' 오늘도 소중하게 즐겁게 후회 없이 최선을 다하며 살자 다짐하며, 하루를 시작할 수 있어 감사하며, 하루를 안전하게 건강하게 마무리하여 감사하며 행복을 채우고 있다.

김영자

김영자 ●●●

- ○ 든든한 컨설팅 대표
- ○ 법정의무교육 강사
- ○ 소중한 생명존중 강사
- ○ 노인심리상담사
- ○ 시니어요가 강사
- ○ 생활체조요가 강사
- ○ 치매예방교육강사
- ○ 긍정, 소통, 웃음 지도강사
- ○ 네이버 블로그 운영

이메일 md0635@naver.com
블로그 https://blog.naver.com/md0635
연락처 010-3631-0196

'도전' 생각한 지금 시작하라

건설업계에서 27년의 관리부 업무 담당으로 근무를 했다. 회사에서는 매년 의무교육 '법정의무교육'을 외부 강사를 초빙하여 교육을 수료해야 했다. '법정의무교육'은 산업안전, 성희롱 예방, 장애인 인식개선, 개인정보보호 교육 등 1시간 교육으로 진행되고, 교육을 이수하였다는 수료증을 발급을 받게 된다.

나는 업무 담당자로서 법정의무교육에 대한 관심을 갖게 되었다. 매년 실시하게 되면 '법정의무교육'을 이수하여 우리 회사에 직원들에게 내가 직접 강의해야겠다고 계획했다. 그렇게 법정의무교육 강사의 꿈을 갖고 학원을 찾았다. 민간자격증 취득으로 학력이나 나이에 상관없이 누구라도 정해진 교육을 이수하면 '법정의무교육' 강사가 될 수 있다고 했다.

55세 나이에 '법정의무교육' 강사 자격을 취득하게 되었다. 산업 안전 교육을 수강하러 갔을 때, 근로자들이 딱딱한 교육에 대해 지루해 하는 것을 보고 재미있게 '법정의무교육' 강사가 되기로 다짐했다. 이어 '웃음 치료, 행복 노래, 레크리에이션, 맞춤 체조 요가강사' 등의 자격증 과정에 도전했고 당당하게 취득했다.

현재 공공기관, 기업, 복지센터 외 안전을 위한 '법정의무교육' 강사로 활동 중이다. 또 건강 안전을 지키는 맞춤 체조 요가강사로도 활동 중이다. 할 수 있다는 생각에 도전했고 웃음과 안전, 안전과 건강, 행복을 추구하는 강사가 되었다.

삶의 안전과 건강을 추구하는 강의

건설공사 현장에서는 실무 관리를 하다 보니 늘 안전을 강조하고 주의 깊게 논의했다. 55세의 나이에 법정의무교육 강사가 되기 위한 준비를 시작했다. 남들과 다른 안전교육 강의와 강의 질을 높이고 싶은 마음이었다. 이런 마음으로 결국 2016년 2월 산업안전, 성희롱 예방, 웃음 치료, 행복 노래, 레크리에이션, 맞춤 체조 요가강사 자격을 취득했다. 드디어 '나도 강사다'를 외치는 순간이었다.

산업화 시대에서 디지털시대, IT시대로 빠르게 변화되는 시대이다. 이에 따라 공공기관, 학교, 군 기관, 건설 현장, 제조 산업체, 교통수단에서 안전이 크게 강조되는 요즘이다. '내가 지금 서 있는 이 순간'에 안전이 필요하고 안전은 '삶'의 필수라고 강의하고 있다.

하지만 무명 강사를 찾는 기관이나 단체는 쉽지 않다. '나'라는 초보 강사를 홍보하기 시작했다. 시 보건소, 군 보건소, 요양병원, 실버타운, 노인복지센터, 아동복지센터, 장애인복지센터 등에 찾아가는 '든든행복지키미 체조 요가 강의'를 했다. 웃음으로 힐링하며 행복한 건강 찾기를 위해 경로당 곳곳에서 '건강 행복 체조 요가 교실' 봉사 강의를 했다.

3년 동안 찾아다니는 강의를 하다 보니 차츰 곳곳에서 나를 찾아주었다. 지금은 기업 법정의무교육 안전을 전하는 법정의무강의를 하고 있다. 더불어 우리의 삶에 건강이 최우선임을 강조하는 생활 체조 요가강사로서 복지센터에 5년 차 체조 요가 강의로 활약 중이다. '든든행복체조교실'로 많은 사람에게 안전하게 건강한 삶, 행복한 삶을 나누는 강사로 활동하고 있다.

기업, 공공기관 안전한 메신저

기업 강의를 하러 갈 때 보통 기관, 기업체에서는 임. 직원들이 함께 법정의무교육을 수강하게 된다. 임원인 관리직은 앞과 뒷자리에 앉아 수강한다. 그리고 근로자인 직원들은 임원 관계자 가운데서 눈치를 보고 긴장하는 자세로 교육을 수강한다. 당연히 강의 장내 분위기는 무겁다. 이럴 경우 가벼운 분위기로 전환을 위해 강의 시작 전 레크리에이션 기법으로 서로 소통하는 시간을 가져 본다.

레크리에이션의 방법은 다양하지만 난 대표적으로 "스트레스가 많으시죠?", "우리 스트레스 한 방에 날려보는 시간 가져 보면 어떨까요?"로 시작했다. 그러면 직원들의 얼굴빛은 환하게 나를 보며 "그렇게 해주세요."라고 외쳤다. 하지만 관리자 및 임원들은 별 흥미 없는 소리로 "그럼 어디 한번 해 보세요"라고 했다. 그러면 다음은 "네, 우리 한 방에 스트레스 날려 보냅시다.", "네~에"하고 강의장에서는 힘없는 소리가 나왔다. "자, 스트레스 확 날릴 준비되셨나요?", "네~에", "아~아~아~아~아~~~~에~에~에~에~에~~~~"

이후 임. 직원들 사이에서 어색했던 강의장 내는 곧 화끈한 열기와 힘찬 박수로 뜨거워진다. 이쯤에서 본격적인 강의가 시작되면 모두 강의 내용에 쫑긋 귀를 세운다. 강의가 끝나면 "강사님, 오늘 스트레스 한 방에 날렸습니다."라고 감사 인사를 해왔다.

한번은 어느 기업체 전체 80여 명의 남자 임. 직원들이 있던 사업장에 법정의무교육 강의를 하게 되었다. 강의장은 숨소리도 나지 않았다. 순간 소름이 돋았다. '어떻게 이 위기를 벗어날까?' 이런 생각도 잠시, '남자들이니 군대식으로 힘차게 강의하자!' 라고 군대 박수, 소나기 박수를 곁들였다. 힘찬 목소리로 당당하게 강의했더니, 1시간이 어떻게 흘렀는지 모른 채 박수와 함성으로 끝이 났다. 그럼 난 오늘도 '무언가를 해냈군.' 하며 안심하곤 했다.

요즘은 '든든행복체조교실' 수업을 1시간씩 하고 있다. 경로당 수업을 가면 항상 반갑게 맞이해주어 친밀감과 따뜻함의 나눔 시간을 갖는다. 복지센터 수업은 안전이 필요하다. 복지센터 어르신들 모습이 경로당 어르신들과 큰 차이가 없다고 생각하고, 경로당 수업처럼 여러 가지 수업을 병행해서 전개했다. 그런데 '아차' 위험이 도사리고 있었다. 복지센터의 수업은 의자나 소파에 앉아 있는 자세, 함부로 이동하면 안 되는 상황 등 안전이 절실하게 필요했다.

요양병원 수업은 사실 더 난감하다. 잘 들리지 않고 보이지 않고 움직임이 없는 분들과의 수업은 등에서 진땀이 흐른다. 살포시 어른들의 손을 잡으면 어찌나 힘이 센지 놓지를 않는다. 여느 때에는 가까이 가서 인사하면 '번쩍' 내 볼에 빨간 자국의 선물을 받게 될 때도 있다. 집에 좀 데리고 가라고 애원하는 등 가슴 아픈 상황이 발생하기도 한다.

마지막 아동복지센터 수업에는 천방지축 날뛰는 아이들과 함께 어울림에 재롱둥이가 되어야 한다. 4세부터 15세의 아이들의 생각과 개념을 따라 수업 준비를 철저하게 하여야 한다.

어느 날 한 중학교 1학년 학생이 "강사님, 이것 알아요?"라고 했다. 'ㄴ, ㅇ, ㅇ' 초성 질문에 갸우뚱하니, 강사가 돼서 이것도 모른다고 비웃었다. 다음에는 "음~ 'ㄴ, ㅇ, ㅇ'이 뭘까? 아~놀아요.", "우~ 와, 강사님, 맞아요."라고 했다. 이렇게 때로는 웃음꽃 한바탕 초성 질문을 많이 준비하는 강사가 되어야 했다.

안전과 건강을 전하면서 내가 더 성장한다

사무 업무를 오래 하다보니 긴 시간 책상에 앉아 있게 되었다. 공사의 견적 작성(자재 물량 산출, 자재 단가 산출, 인건비, 경비, 이윤) 등 문서 작업량이 많았다. 장시간 앉은 채로 일을 하다 보니 허리에 심한 통증이 자주 발생하여 병원 치료를 받게 되었다.

건강을 위하여 내 몸에 맞는 운동을 찾기로 했다. 단전호흡, 요가, 스포츠댄스, 라인댄스 등등 다양한 힐링센터를 찾아가 보았다. 날마다 변화되는 시대에 새로운 운동을 찾고 싶어서였다. 힐링센터 여러 곳을 방문하다가 나에게 꼭 맞는 '밸러스워킹PT' 라는 맞춤 운동을 만나게 되었다. 개개인 몸에 맞추어 특성 있게 균형을 잡아주는 맞춤 운동이었다. 이 운동을 응용하여 허리 균형을 잃었던 내 자세가 점점 좋아졌다. 건강이 좋아지니 자신 있게 기업 강의 및 복지센터 '든든 행복체조교실' 수업을 할 수 있다.

'소중한 내 인생' 나의 건강을 지키면서, 누군가에게 안전을 추구하는 강의를 해야만 했다. 강의 내용은 업그레이드가 되어야 했다. 끊임없이 배움을 도전하게 되어 PPT 편집, 영상편집, 새로운 음악 리듬 타기, 체조 요가 등의 강의를 하면서 나는 더 성장하게 되었다. 또한 디지털 브랜딩 교육을 이수하여 배우고자 하는 사람에게 휴대폰, 컴퓨터 등 디지털 기기를 쉽게 활용하기 교육 나눔을 했다.

그러다 보니, '선생님'이라는 호칭을 듣게 되었다. 버스정류장에서 "아따, 체조선생님 아니다요."라고 누군가 말했다. 설마 나에게 하는 말인가 싶어 뒤돌아보니, 한 할머니 한 분이 내 손을 잡으며 인사를 했다. 깜짝 놀라웠다. 이내 "우리 행복경로당에 체조 강의 오셨잖아요."라고 했다. 다시 한번 더 놀라웠다. 할머니께 고맙고, 감사하였다. 길거리에서 알아보는 사람이 되었다니, 좀 더 나를 성장하게 해 더 많은 사람과 함께 할 수 있도록 해야겠다고 다짐을 했다. 늘 강의는 최선을 다했다. 누군가가 지켜보고 있다는 것을 길에서 만나 어르신이 깨우침을 주었다. 긍정적, 소통으로 최고가 아닌 최선을 다하는 강사로 거듭나도록 해야겠다고 느끼는 순간이었다.

든든하게 참 잘했다

'50대에 꿈을 꾸었던 60대의 제2의 인생길' 나는 지금 63세의 나이로 조직이 형성된 곳곳에서 안전하게 살아가자는 인생의 삶 '법정 의무교육'을, 건강을 지키자는 '생활 체조 요가 강의'를 하고 있다.

2007년 9월에 어머니를 멀리 떠나보내면서 엄청난 스트레스로 건강을 잃은 적이 있었다. 건강을 회복하게 용기를 준 것은 소중한 아들과 딸 남편이었다. 어머니는 내 삶과 같은 존재였다. 아버지의 거칠고도 괴로운 시집살이, 해도 해도 끝이 없는 힘든 농사일, 오로지 자녀만 바라보고 살아 온 나의 어머니 삶은 힘든 고생 그 자체였다. 그러한 어머니를 한없이 바라보았던 난 가슴이 아파 어머니 옆에서 농부가 되어 있었다. 이 마음들은 어머니를 멀리 보내고 기어이 마음에 깊은 상처가 되었다.

갑자기 전신 근력, 근육이 풀어져서 움직일 수가 없었다. 근육을 지탱하는 골격이 고무줄처럼 흐늘거렸다. 앉아 있을 수도, 일어서서 걸을 수도 없는 상황이었다. 모든 삶이 무너지고 있었다. 한없이 쓰러지고 있던 순간 번쩍 한 생각이 떠올랐다. 나의 사랑하는 자녀, 남편에게 나와 똑같은 아픔을 줄 수가 없었다. 이 아픔을 이겨내자!

　마음을 굳게 하고 '소중한 내 인생', '삶을 찾기', '건강 찾기'로 아픔을 견디고 살기 위한 운동을 시작했다. 가까운 산을 날마다 올랐다. 평상시 왕복 1시간 거리가 3시간 정도를 걸려 다녔다. 처음 1개월 동안 낮은 산을 다녔고, 이후 점점 높은 산도 등산을 할 수가 있었다. 그리고 매주 토요일은 배낭을 메고 등산 동호회를 따라 전국 명산을 다녔다. 가슴이 터질 듯한 고통을 참으며, 목표는 오로지 산꼭대기 정상을 향해서이다. 어렵게 정상에 올라 산 아래를 내려다보면, 나는 '소중한 내 인생' 든든하게 참 잘했다고 외치기를 했다.

　지금에 60대 나이에 강단에 서서 강의하고 있다. 산 정상을 향해 무거운 발걸음을 한걸음 옮기는 것처럼 '강의'란 엄청 힘이 들었다. 기관에 강의계획서를 접수하면 학교 졸업장에서 거절을 받았다. 또는 고등학교에 강의계획서를 제출하면 학교 수준 이상의 학교 졸업증서를 요구했다. 때로는 이력서를 보고 나이가 많다고 했다. 기업체에 강의계획서를 접수하면 50대 미만 강사가 필요하다고 거절했다. 하지만 난 포기하지 않고 꾸준히 기관과 기업체에 강의 홍보하였다.

　현재 기관, 기업, 복지센터에서 안전교육 강의를 하고 있다. 코로나 덕분에 나이 탓은 약간 줄어들기도 했다. 열정의 강의, 긍정적 소통으로 신나게 강의하고 있다. 60대 제2의 인생 잘 살아내고 있다. 강의 시간은 즐겁다. 강의는 나의 삶의 꽃이다. 강의에서 생명력을 찾는다. 나의 강의에 박수치며 함께 웃을 수 있는 사람이 있어서 행복하다. 내가 알고 있는 모든 것을 여럿에게 함께 나눌 수 있어 좋다. 강의는 행복이다.

2020년 9월 27일 "나 김영자의 사명은 배움으로 나를 채우고 나눔으로 행복을 전하는 것이다." 김영자 강사의 사명 선언문이다. 소중한 삶 '든든한 내 인생' 강의를 하기 위해, 오늘도 나의 개발, 나의 성장을 위해 배우고 있다.

교육계, 학원장, 강사의 연수 강의

교육계, 학원장, 강사의 연수 강의 '성희롱 예방 교육'을 강의 할 수 있느냐고 의뢰가 왔다. 태연하게 "네, 당연히 할 수 있죠."라고 대답했다. 하지만 중학교 졸업장도 없는 내가 대한민국 최고의 인재 교육생을 발굴하는 교육자들에게 어떻게 강의할지 눈앞이 캄캄했다. 강의 자료가 눈에 보이지도 않고 가슴이 콩닥콩닥 두려움이 몰려왔다.

내가 할 강의는 성희롱 예방 교육이었다. 강단 앞에 서니 후들후들

떨렸다. 앞에는 많은 학자들이 나만 바라보고 있다. 나는 지금 학자들 앞에서 강의를 진행하겠다고 마음을 굳게 먹고는, "저는 법정의무교육 강의할 강사 김영자입니다. 이곳 연수원에 오신 훌륭한 인재를 발굴하는 교육기관 관계자님, 학원장님, 잠깐 오늘 이 시간만큼은 저 김영자의 수강생입니다."라고 당당하게 입을 열었다. 조금 전까지 떨리던 마음이 편안해지면서 강의를 시작했다.

사실 성희롱 예방 교육이라 그다지 흥미가 없는 강의였다. 오늘 강의는 무조건 즐겁게만 하자며 웃음 스팟 하, 하하, 하하하, 15초 이상 웃음으로 시작하자, 강의장은 한바탕 웃음으로 열기가 가득 찼다. 강의 후 박수 소리가 크게 들려왔다. 함께 한 1시간이 하하 웃으며 완벽한 강의가 되었다.

강의 마무리는 진시몬 가수의 '너나 나나' 노래를 합창하며 위아래가 없는 너나 나나 모두가 똑같은 세상, 똑같은 사람이라고 추구했던 강의가 되었다. 초교생 출신인 나에게는 최고의 황홀, 최고로 멋진 강의였고 오랫동안 기억에 남는 수강생은 교육자의 연수 과정 교육청 관계자와 161개 학원장 선생님이었다.

따뜻한 사랑이 담긴 손수건

　남을 가르치겠다는 생각이 먼저가 아니었다. 안전한 산업체 교육을 담당하면서 직원들의 안전을 위해 교육을 이수했다. 나의 건강을 찾기 위함에서 다양한 재능을 배우고 또한 기술을 익히게 되었다. 최선을 다하여 알려주고 싶은 강사로 활동하기 위해서였다.

　기업체 법정의무교육 강의를 할 때 느낀 점은 매년 같은 교육을 실시하다 보니 직원들이 교육 수강에 관심이 없다는 점이다. 대충 자리와 시간 때우기처럼 이루어졌다. 법정의무교육은 작업장에서 힘들게 일하다가 지치고 스트레스가 뭉쳐있는 임. 직원들에게는 회사에 필요한 업무일뿐 그다지 관심 밖이었다. 그러다 보니 강의 집중도를 높이기 위해서는 재미있게 소통하는 강의가 필요했다.
　강의 시작 전 스트레칭 체조로 몸풀기를 하고 서로 소통했다. 율동 체조를 힘차게 하고 나면 강의는 순조롭게 시작된다. 강사 혼자만 애를 쓴다면 힘들겠지만, 수강하는 임. 직원들이 함께 박수를 치고 주고받는 나눔에 소통이 잘 되는 강의가 되곤 한다.

　봉사단체에서 매월 점심 봉사를 할 때였다. 경로당 어른들과 흥겨운 체조를 했다. 기본적인 체조를 알리고 가볍게 스트레칭으로 이어갔다. 강도 있는 체조로써 20여 분 동안 전신에 땀을 내는 신나는 운동을 했다. 어느 경로당 체조 수업 때이다. 수업을 마치고 나오려는데 어르신 한 분이 내 손을 꼭 잡았다. 호주머니 속에서 하얀 면 손수건 2장을 내 손에 쥐여 주면서 "선생님, 이 손수건 한 번도 안 쓴 거예요. 선생님께 드리고 싶어요."라고 했다.

땀을 흘리는 것이 안타까워서 챙겨주신 따뜻한 마음이 담긴 그 하얀 손수건을 5년째 간직을 하고 있다. 가슴 벅찬 사랑이 담긴 선물, 고맙고도 감사했다. 강사 활동을 하였기에 알아주는 사람이 있다는 것에 행복했다. 사랑을 가득 받는 강사, 사랑을 가득 주는 강사가 되고 싶다.

혼자가 아닌 함께 행복을 누리다

'도전 지금 시작하라!' 만일 배움에 도전하지 않고 부지런하게 일만 했으면, 지금 난 이렇게 저서를 남길 수가 없었을 것이다. 몸이 허약해 중학교에 진학도 못하고, 한창 배워야 할 청소년 시절에 소녀 농부로 부모님의 일손을 도왔던 김영자였다.

젊은 시절, 남편의 기술을 활용 '전기. 통신. 소방공사업' 회사를 설립했다. 기술 인력이 필요하게 되어 기술 자격증 취득에 도전하기도 했다. 통신. 소방. 전기자격증 취득 후, 전기지중배전전공 기술자, 산업안전 자격증을 추가 취득하여 기술자 자격으로 회사의 실무관리자가 되기도 했다.

그러다 회사 업무 중 이론 안전교육에 관심을 갖게 되었던 것이다. 민간자격증 '법정의무교육' 취득에 도전 자격증을 취득했고 앞서 밝혔듯이 기관, 기업 등에 '법정의무교육' 강의를 하고 있다. '소중한 내 인생' 건강도 안전하게 맞춤 체조 요가 자격증도 준비했다. 웃음, 레크리에이션, 율동체조와 함께 즐겁고 화끈하게 스트레스를 해소하는 안전, 건강, 친절, 소통하는 강의를 하고 있다.

나이, 학력과는 상관없이 컴퓨터, 휴대폰 활용을 못하는 사람들이 의외로 많다. 어깨너머 배웠지만 디지털 시대에 맞추어 '든든디지털교실'을 운영하며 디지털 더듬이가 되어 디지털 기기 배우기 나눔을 하고 있다. 컴퓨터에서 문서작성, PPT 작성, 이메일 보내기 등 휴대폰의 다양한 활용에 대하여 함께 배움을 나눔 하니 큰 보람과 행복이 가득 채워진다.

나는 청소년 시절에 학업을 마치지 못했다. 현재 60대의 만학도로 2023년 2월 고등학교 졸업 후 3월 대학교 진학을 한다. 강사라는 호칭은 대학교를 졸업하고 많이 배워야만 하는 줄 알고 꿈도 꾸어보지 않았다. 그런데 어느 날 안전교육 강의장에서 수강하던 중 '나도 강사가 되어보자.' 꿈을 꾸게 되었고 마침내 그 꿈을 이루었다. 주말, 야간을 이용 쉴 틈 없이 배움을 힘들게 찾아다니기를 했다. 낮에는 기관, 기업 등에 강의하고, 밤에는 만학도로 공부를 하고 있다.

지금 60 중반에 들어 강사가 되어 강의를 하니 행복을 두 배로 채워가고 있다. 배워서 알리려는 마음을 갖지 않았다면 여느 사람들처럼 순수한 가정주부로 살림하고, 남편을 종일 기다리고 있었을지도 모르겠다. 또한 홀로 지내는 시간이 많아 우울함으로 인하여 병마와 싸우고 있을 것이다. 하지만 지금 '나'의 강의를 기다려주는 사람들이 있고 강의가 있는 곳을 찾아가는 신나는 여행으로 즐기면서 많은 사람들과 나눌 수 있어 혼자가 아니라 함께 행복을 누리고 있다.

강사의 길은 쉽지는 않다. 무난히 배우고 기술을 습득하고 많은 현장실습도 필요하다. 하지만 하고자 하는 마음과 꿈이 있다면 강사라는 직업은 충분히 할 수 있다. 좀 더 나이가 들어가도 시니어 강사로도 강의를 할 수 있다. 나만이 가진 기술로 나눔을 실천하고 즐거운 삶을 향하는 자유로운 직업이라고 본다.

강사라는 직업은 자신을 성장하게 하고 끊임없이 자기 계발에 도전하는 멋진 '삶'이다. 고령화 100세 시대에 60대는 청년이다. 모든 사람은 꿈이 있다. 그중 강사라는 직업은 나이가 많아도 학업이 낮아도 할 수가 있다. 자신의 색깔을 표출하여 자신감과 긍정적 마음만 있으면 강사에 '도전 지금 시작하라' 하면 된다. 디지털시대에 앞서가는 '삶' 꿈을 펼치는 강사가 되어보자!

직장을 은퇴하고 휴식하고 있는 60대에 청년(장년)들에게 제2의 인생 멋진 삶 '강사' 라는 비전을 향해 도전할 것을 권하고 싶다. 예. 체능을 살려 20~30대의 '강사의 꿈' 창의력 있는 아이디어를 창출하여 '신지식 1인 기업' 을 운영할 수 있는 멋진 직업이다. 사업을 경영하는 사람도 직장을 다니는 사람도 모두가 선택할 수 있는 강사라는 직업을 '도전 지금 시작하라' 를 외쳐본다.

창조적인 나만의 특색으로 멋진 '강사' 의 꿈을 맘껏 한번 펼쳐보자!

하나뿐인 내 인생 멋진 삶 '나도 강사다' 꿈에 도전 지금 시작해보라!

나는 대한민국 입시학원 강사다

　1994년 학원 강사가 되어 지금은 원주에서 학원을 운영하고 있다. 우연한 기회에 시작된 학원 강사 아르바이트는 나의 인생을 완전히 바꿔 놓았다. 처음 출근하는 날 학생들이 "선생님, 선생님" 하고 부르는 소리가 얼마나 좋았던지, 지금도 가끔 그때를 생각하면 소름이 끼친다.
　그리고 28년이 지난 지금도 여전히
　나는 학생들이 '선생님' 하고 나를 부르는 소리가 좋다.

김경율

김경율 ●●●

○ 카오스 학원 대표
○ 강동구, 송파구, 강남구, 입시학원 강사
○ 대치 IDA 입시 연구소 소장, 입시학원 원장

이메일 ssaky8516@daum.net
블로그 https://blog.naver.com/ssaky687
연락처 010-3676-8516

아르바이트가 인생을 바꾸다

1994년, 김일성 사망 소식과 함께 '100년 만의 무더위'라는 큰 이슈가 있던 해. 나는 해병대를 제대했다. 그 무더위를 피해 시작한 아르바이트가 이렇게 평생 직업이 될 줄은 꿈에도 몰랐다.

입시학원에서 중학생을 대상으로 과학을 가르치는 아르바이트였다. 입대 전까지는 호프집, 당구장, 그리고 가끔 '노가다'라 불리는 건축 현장의 일당 잡부 등 주로 몸으로 하는 아르바이트가 전부였다. 그런데 군 제대 후에 하게 된 첫 아르바이트가 학원에서 학생을 지도하는 선생님이었다. 처음 해보는 수업이라 걱정은 되었지만, 학생들이 선생님, 선생님 하며 부르는데 마치 내가 뭔가 대단한 사람처럼 느껴져 정말 좋았다.

지금과는 다르게 그때는 과학 교과서나 참고서 종류가 얼마 되지 않기 때문에 일주일 동안 시중에 나와 있는 문제집을 다 풀고 교과서 과정을 다 외워 버렸다. 그리고 긴장감 속에 진행한 첫 수업! 사실 어떻게 했는지 잘 기억이 나지는 않지만, 꽤 잘했던 것 같다. 또 학생들과의 관계도 좋았다. 아마도 학생들과 나이 차가 많지 않아 형 같은 선생이었기 때문에 가능했던 것 같다.

여름 방학 단기 아르바이트로 짧게 끝날 것 같았던 나의 학원 생활은 첫 제자들 덕분에 지금까지 이어지게 되었다. 내가 담임을 맡은 반의 학생들은 학원에서 소위 '꼴통반'이라 불리는 사실 인문계 고등학교 진학이 어려운 아이들이었다.

그 당시 고등학교를 진학할 때는, 중학교 성적순으로 중상위 학생들까지는 인문계 원서를, 중하위권 학생은 실업계 원서를, 하위권 학생은 지금은 없어진 특수 지역 학교에 원서를 써 주었다. 그중 인문계 학교에 지원하는 학생들은 '연합고사'로 당락이 결정되었지만, 원서를 쓴 대부분 학생은 합격했다. 간혹 인문계 고등학교 진학하기에는 성적이 낮은 학생들이 무리하게 원서를 썼다가 연합고사에서 떨어져 고입 재수생이 발생하는 경우가 있었기 때문에, 학교에서는 학부모에서 각서를 받고 원서를 써주는 경우가 있었다.

원장님은 우리 반 학생들이 연합고사를 마칠 때까지 근무해달라고 하셨고, 그와 더불어 인문계 고등학교에 꼭 보내 달라는 그 당시로는 말도 안 되는 미션을 내게 주셨다. 물론 파격적인 제안과 함께 말이다. 나는 나를 선생이라고 불러주는 내 첫 제자들을 반드시 고등학교에 입학시키겠다고 마음먹었다.

먼저 지난 3년간 연합고사 합격 점수를 찾아보니, 200점 만점에 체력장 20점 포함 137점이었다. 필기시험 점수가 120점(120문항)을 넘는다면 충분히 합격 가능하다고 판단하고, 일단 기초가 필요 없는 암기 과목 즉, 사회 24문항, 기술·가정 16문항, 도덕 12문항, 음악, 미술 각각 10문항씩 그리고 내가 가르치는 과학 26문항 기출문제를 다 암기시킨다는 목표를 설정했다. 등원은 학교 끝나고 바로, 하원은 그날의 목표치를 채워야 가능했는데 그 목표를 채우지 못한 학생은 새벽 4시에 귀가를 시켰다.

그렇게 우리는 3개월을 치열하게 보냈고, 연합고사를 치른 날 학원에서 채점하며 함께 울던 그 녀석들은 모두 인문계 고등학교에 합격하였다. 그날 나는 아르바이트 선생이 아닌 진짜 '선생'이 되었다.

대입을 가르치다

'교학상장(敎學相長)'이라는 말은 딱 나를 두고 하는 말이다. 나의 첫 제자들이 고등학교에 입학하게 되면서 나 또한 고등부 수업을 시작하게 되었다. 고등부 수업은 중등부 수업을 준비한 것처럼 참고서 암기 수준으로, 또 학생들과 유대감만으로 가능한 것이 아니었다. 내신 문제는 중등 과정과 별로 다를 것이 없었다. 하지만 새로운 교과 과정에 따라 대입이 학력고사에서 수학능력시험으로 바뀐 직후였기 때문에, 수능 대비 수업은 나뿐만 아니라 학원가에서도 매우 혼란스러웠다.

고민하던 중 노량진 재수 단과반 수업을 수강하기로 했다. 평일에 오전 7시부터 노량진에서 강의하는 거의 모든 선생님의 물리, 화학, 지구과학, 생물 강의를 신청해서 들었다. 또 주말에는 180분 동안 진행되는 특강 수업도 찾아서 들었다. 처음에는 학습 내용 중 이해되지 않는 부분을 점검하고, 해설지와는 다른 좀 더 쉬운 풀이법을 찾기 위한 것에 집중했다. 그리고 차차 시간이 지나면서 강의는 잘하는데 수강생이 없는 선생님이나, 그 반대의 경우를 비교하며 선생님마다 장점을 찾아 나만의 강의법을 만들어 나갔다. 특히 지구과학의 엄인경 선생님과 생물의 한정환 선생님은 200명이 넘는 수강생을 마치 오케스트라 지휘자가 악단을 지휘하는 듯한 느낌으로 90분 동안 강의하셨는데 그 시간이 내게 10분처럼 느껴졌다.

오전에는 노량진 일타 강사의 강의를 듣고, 오후에는 그 강의를 흉내 내는 수업을 했을 뿐인데 강동구 천호동과 명일동 학생들 사이에서 나에 대해 소문이 좋게 나기 시작했다. 그 또한 첫 제자들의 힘이 컸는데 녀석들의 다른 과목 점수는 30~40점인데 비해, 유독 과학 시험을 잘 보았기 때문이었다.

당시 수능시험은 이전의 학력고사와 달리 물리, 화학, 생물, 지구과학을 모두 포함한 '공통과학'으로 치러졌다. 때문에 한 과목만 수업하셨던 선생님들의 경우 '공통과학' 수업이 버거울 수밖에 없었고, 그런 이유로 네 명이나 두 명의 선생님이 팀을 이루어 수업을 진행하는 경우가 많았다. 그럴 경우 학원은 학원대로 시수나 선생님 급여 문제로 난감하던 중이었다. 그런 시기에 혼자서 '공통과학'을 수업할 수 있는 나는 학원가에서 빠르게 이름이 알려지기 시작했다.

그렇게 첫 학원에서 3년 시간을 보내고, 송파구 대형학원에서 1인 통합과학 강사로 본격적인 수능 강의를 하게 되었다. 이후 송파, 강동구에서 차츰 명성을 쌓아 강남 대치동으로 강의를 나가게 되었다.

굴러가는 낙엽만 보아도 웃는 18세, 원주에서 학원을 열다

나의 수업은 언제나 즐겁고 유쾌하다. 출근하면 가장 먼저 출석부를 확인한다. 오늘은 누가 누가 오는 날이구나 생각하며, 한 명 한 명 얼굴을 떠올리면 설레고 즐겁다. 15살(중2)~19살(고3)! 오늘 내가 만날 세상에서 제일 웃음이 많은 나이, 아니 웃기기 제일 쉬운 나이의 학생들이다. 서울 대치동을 떠나서 강원도 원주에 학원을 개원한 이유도 어쩌면 이 아이들이 특히 더 잘 웃어줘서인지도 모르겠다.

"쌤 나이가 이제 서른 넘었다." 이 말에 웃기 시작해서 "쌤이 작년에 약을 잘못 먹어서 머리가 빠진 거야. 사실 송중기하고 친군데." 하면 아이들은 배꼽이 빠질 듯이 웃는다. 처음에는 어처구니가 없어서 웃는 듯하지만 내가 잘 생겼다고 우기거나 33살이라고 우기면, 진짜인가 하며 의심하기도 하고 또 웃기도 하고 어쨌든 우리 학생들은 잘 웃고, 웃기기도 쉬웠다.

나의 유머 코드는 단순하다. 나를 비하하거나, 매우 거만하게 행동하면 된다. 난 그 두 가지를 적절하게 섞어서 쓰는 편이다. 사실 나는 개그에 소질이 있거나, 말을 재미있게 하지 못한다. 아니 매우 진지한 성격에 가깝다. 하지만 진지한 강의는 학생의 숙면에 도움을 줄 뿐이다. 설명은 최대한 간결하게, 예시는 생활과 밀접하게, 그리고 모든 내용은 재미있게. 나는 이렇게 강의하기 위해 지금도 노력 중이다.

경제적 자유를 얻다

첫째, 경제적인 여유를 얻다. 돈을 잘 번다. 꾸준히 잘 벌었다. 지금도 잘 벌고 있다. 모두가 그런 것은 아니지만 나는 참 운이 좋았다. 학력고사에서 수능으로 넘어가는 시기적 운이 좋았고 학생을 어떻게 가르쳐야 하는지 아무것도 모르는 내게 꼴통반 담임을 맡긴 원장님의 과감한 선택 또한 운이 좋았던 것이다. 그리고 무엇보다 그런 나를 잘 따라와 준 첫 제자들과의 만남 역시 운이 좋았다고 생각한다.

강사 첫 달 아르바이트 급여가 100만 원이 넘었다(당시 소방 3호봉 급여 575,000원 출처: 네이버). 다음 달엔 120만 원, 그리고 3개월 차엔 150만 원을 받았다. 첫 학원에서 첫 제자들이 모두 연합고사에 합격했다는 소문에 강동구 명일동, 고덕동 일대뿐만 아니라 멀리 천호동에서도 학생들이 몰려왔다. 대부분 연합고사에 붙기 힘든 학생들이었고, 난 그 학생들을 악착같이 연합고사에 붙였다. 나의 급여는 계속 올랐고 학원은 더 큰 곳으로 이전했다. 특히 겨울방학 특강 한 번으로 '자부심' 있는 차를 사기도 했다. 그렇게 쉽게 돈을 벌어 버렸다.

둘째, 어디서나 존중받는다. 원주에 살면서 골프를 시작하게 되었다. 골프는 특성상 처음 보는 사람과 필드 라운드를 하는 경우가 종종 생긴다. 낯선 그리고 긴장감이 가득한 그때 나는 '학원에서 학생들 가르칩니다' 또는 '학원 원장입니다' 라고 내 소개를 한다. 그러면 대부분은 온화한 미소와 함께 따뜻한 눈빛을 보낸다. 우리나라는 많이 퇴색되어 가기는 하지만 아직도 유교적인 정서가 남아 있어, '선생' 이라 하면 바른 사람이라는 인식과 그 나름의 존중해주는 정서가 있기에 그런 것 같다.

누구 줄을 타고 왔는가?

학원가에 가장 큰 특성이 어느 정도의 경력이 있는 강사의 경우 이력서로 뽑지 않는다는 점이다. 대부분 그 학원에 오랜 시간 근무한 선생이나 원장 혹은 이사장과 관계가 돈독한 선생님의 추천으로 채용된다. 나 또한 첫 학원에서 만난 나이가 지긋하신 사회탐구 선생님의 추천으로 송파 어느 학원으로 옮겨 갔다.

첫 출근 날, 나는 여러 선생님의 눈빛에서 날 반가워하지 않는, 심지어 경계하는 듯한 느낌을 받았다. 첫 학원에서는 한 번도 느낄 수 없던 눈빛이었다. 이유는 그날 밤 바로 알 수 있었다. 단과 학원은 학생 수가 돈으로 연결되고 인기 선생님의 강의 시간표에 따라 많은 학생이 움직였기 때문에 누구 줄을 잡는가로 수익의 규모가 결정되는 구조였다.

그렇게 나는 아무것도 모른 채 누군가와 한 팀이 되었고, 누군가와는 상대 팀이 되어 싸우게 되었다. 또한 나와 개인적 친분이 없는 선생님이 학생들에게 나의 나이와 학벌에 대해 함부로 얘기하기도 하였다. 파벌 싸움은 정말 치열했고 치졸했다.

이런 파벌 싸움은 단과 수업에서만 아니라 재수반 수업까지 이어져 힘이 센 팀에서 시간표 대부분의 시수를 차지했고, 그러지 못한 팀들은 정당한 시수를 갖지 못했다. 그러다 보니 재수반 개강 후 어떤 팀이 수업을 펑크내거나, 중도에 사라지는 경우도 많았다.

그 당시 나는 너무 어렸지만, 우리 팀을 이끈 리더는 노련했다. 나를 어느 학원에 넣어야 수업을 잘할지, 누구와 경쟁이 될지를 정확히 파악하고 있었다. 평일에는 재수반과 재학생반, 주말에는 단과반 그리고 방학 특강반까지 정말 쉼 없이 수업했다.

한번은 마당이 있는 대형 재수학원에서 수업이 끝나고 교무실로 가기 싫어서 벤치에 쭈그리고 앉아 담배를 피웠다. '어, 왜 교무실 가기 싫지?' 곰곰이 생각하니 우리 팀 선생님들이 교무실에 아무도 없었다. 교무실은 많은 선생님과 질문하는 학생들로 북적일텐데 내게는 그곳이 불편했다. 그런 쉬는 시간 10분은 수업 시간 50분보다 더 길게 느껴진다. 행복하지 않았다. 뭔가 잘못되었다는 것을 그때 느꼈다. 나는 그렇게 대형학원가를 떠났다.

벌써 오래 전의 일이다. 하지만 지금도 학원가는 변하지 않은 듯하다. 그때 만났던 선생님들 얘기를 듣다 보면 여전히 파벌은 존재하고, 아니 어쩌면 예전보다 더 치열할지도 모르겠다. 학생 = 돈이고, 시수 = 돈이니 영원히 없어지지 않을지도 모르겠다.

늙은 제자 이야기

어느 날 늙은 제자에게서 전화가 왔다. "쌤 언제 퇴근하세요? 술 한 잔 사주세요." 그는 우리 학원에서 재수하고 이름 없는 대학을 나와 택시를 운전하는 늙은 제자이다. 어느 날 우연히 택시를 탔다가 다시 만났다.

그 후로 가끔 뜻있는 날이면 함께 술 한 잔씩 하곤 했는데, 오늘은 뜬금없이 전화가 왔다. 이런 전화는 반갑기보다는 사실 조금 무섭다. 우리가 잘 가는 육회집에서 몇 잔의 술이 돌고 나니 오늘은 나이가 많은 손님이 타서는 "나이가 몇 살이냐?", "아직 젊은데 왜 택시를 모냐?", "택시를 몰면 장가는 갈 수 있겠냐?"고 하며 아주 이놈 속을 박박 긁고 내렸다고 한다. 또 늦은 오후에는 자기 또래 손님이 타서는 정치가 어떻고, 나라가 어떻고, 반말까지 섞어 얘기하는데 무시당하는 느낌이 들어서 당장 차를 세우고 한 대 때려주고 싶은 걸 참고 내게 전화했다고 한다. 그는 세상이 불공평하다며 한탄을 시작했다. 같이 재수하던 누구는 의대를 진학해서 의사가 되었고, 좋아했던 여학생은 중학교 국어 선생님이 되었는데, 자신은 29살에 택시를 몬다고, 뭘 어떻게 살아야 하는지, 세상은 왜 이렇게 자기를 힘들게 할까요? 라고 물으며 울먹이는데 녀석이 너무나 불쌍하게 보였다.

하지만 순간 화가 치밀기도 해서 고운 말이 나가지 않았다. 내가 뭐라고 했냐? 너 재수할 때 네 친구들 독서실에서 새벽까지 공부할 때 너는 나 몰래 PC방 가서 내가 찾으러 다녔고, 옥상에 몰래 올라가서 여학생들과 1~2시간씩 수다 떨다가 내가 잡으러 가야 어쩔 수 없이 독서실로 들어가던 네 모습이 아직도 기억이 훤하다고 해버렸다.

세상이 불공평하다고? 뭐가? 쌤 눈에는 얼마나 공평한데. 누군가는 3년 또는 6년 열심히 노력해서 원하는 대학 가고 그 대학 졸업장으로 그에 맞는 직장을 잡아서 그렇게 잘 살아간다. 넌 그들이 힘들게 미래를 위해 노력할 때 친구들과 PC방 가서 놀고, 주말이면 여학생들과 영화 보며 즐겼으니까 이제는 그들이 여유를 즐기는 동안 고생하는 게 당연한 것 아니냐? 이것이 어떻게 불공평이냐? 아주 공정하다며 일갈을 해버렸다.

사실 나도 마음은 위로하고 싶었지만, 마땅히 위로할 말이 생각이 나지 않았다. 미안했다. 힘들다고 찾아오는 놈에게. 그 후로도 우리는 만났고, 또 취하면 울고 난 또 다그친다.

강의가 삶을 바꾸다

해병대 출신인 나. 물론 나 나름의 자부심으로 살아왔지만, 군 생활은 잘 알려진 것처럼 꽤나 힘들었다. 육체적으로 힘든 점도 있지만, 서울 출신(태생은 아님)이었던 나로서는 이해하기 힘든 억세고 거친 말투가 나를 늘 긴장시켰다. 게다가 난생 처음 들어보는 그 다채로운 거친 말들이란……. 눈빛에서는 살기가 돌고, 말보다는 주먹이 먼저이며, 욕을 섞지 않으면 말이 안 되는 그 세계에서 약 30개월을 지냈다. 뛰어난 사회화 능력으로 제대할 무렵에는 내 눈에도 살기가 돌았고, 말보다는 주먹이 먼저이며, 욕을 섞지 않고는 말할 수 없는 사람이 되었다.

어느 재수학원에서의 일이다. 그 학원은 매월 모의고사 시험 당일 학생들에게 강의 평가서를 받는다. 매우 만족 5점에서 매우 불만족 1점까지 이를 바탕으로 상위 5%의 선생님은 포상이 주어지고 하위 선생님의 경우는 다음 연도 계약이 힘들었다.

난 언제나 최상위 등급이었고 강의 평가가 나올 때면 기고만장했다. 그렇게 자신만만해하던 내게, 어느 날 나이가 가장 많으신 선생님께서 "카오스 선생은 수업 중에 욕을 좀 안 하면 더 잘할 것 같은데. 티칭 능력도 좋고 유머 감각도 좋은데 말이 그 능력을 좀 깎는 거 같아서 좀 아쉬워서 그럽니다." 하며 지나치셨다. 당시 나는 욕을 유머의 수단으로 쓰고 있었고, 많은 선생님이 나와 비슷했다. 아무도 내게 해준 적이 없는 말인데 그 선생님의 따뜻한 충고가 내 마음을 울렸다. 직업에는 귀천이 없어도 말에는 귀천이 있다. 건달은 건달의 말을 쓰고 대통령은 대통령의 말을 쓴다.

나도 알고 있었다. 하지만 유머라는 포장지에 감싸면 이해해 줄 것으로 생각했을 뿐이다. 그날 이후로 나의 강의에서 조금씩 욕이 사라졌다. 물론 지금은 완전히 사라졌다. 그리고 욕을 뺀 나의 유머러스한 강의 스타일은 더욱 견고해졌다.

나의 유니폼은 양복 정장이다. 나는 옷차림이 말에 힘을 싣는다고 생각한다. 뉴스를 진행하는 아나운서와 재판을 진행하는 변호사의 옷차림은 분명 평상시 그들의 차림새와 다르다. 학생들에게 지식을 전달하는 선생으로서 더 신뢰감을 주고 더 프로답게 보이기 위해 나는 정장을 선택했다. 깔끔한 정장 차림에 점잖은 말투, 하지만 카리스마 있는 눈빛과 행동은 학원뿐만 아니라 일상생활에서도 그대로 이어졌다. 그 결과 나는 많은 사람에게 신뢰를 얻었다고 생각한다.

초보는 문제와 싸운다

기숙학원에서 생명과학 수업을 하던 때, 학생들은 쉬는 시간마다 질문거리를 들고 교무실을 찾았다. 꽤 어렵고 까다로운 소위 말하는 킬러 문항으로 쉬는 시간 10분 동안 풀어주기도 어렵고, 또 학생의 수준에 따라 설명을 달리해야 했기에 그 당시 내게는 정말 곤혹스러운 일이었다.

그런데 바로 옆자리 지구과학 선생님이 천문학 킬러 문항 질문을 받던 중 아주 쿨하게 "아, 이 문제! 나는 이런 거 잘 못 풀어. 내가 한 번 풀어보고 설명해 줄게."라며 학생을 돌려보내시는 것이었다.

나중에 내가 그 이유를 물었을 때, "아, 물론 풀 수야 있지요. 내가 한 번 더 풀어보고 쉬운 방법을 찾아주려고 그럽니다.", "그렇다면 모른다고 말하는 것은 좀 그렇지 않을까요?", "모르는 것을 모른다고 하지요. 우리가 모든 문제를 다 잘 풀 수는 없잖아요? 모르는 것은 모른다고 하는 것이 더 좋습니다. 괜히 어려운 풀이를 해서 답만 맞추는 것보다는 이 방법이 더 좋은 것 같습니다."라고 말씀을 주셨다.

그동안 그 선생님께서는 나를 지켜보고 계셨던 모양이다. 학생들이 킬러 문항을 들고 오면, 난 학생들에게 문제를 풀어주기보다는 내가 그 문제를 풀기에 급급해서 학생들이 이해하든 못하든 내가 풀 수 있다는 모습만 보여 주려 애썼다. 만일 내가 못 풀면 어떻게 하지 하는 불안감 때문에 그랬다. 전형적인 초보 강사의 모습을 보였다.

지금 생각하면 문제와 싸웠던 것 같다. 그 후로 시간이 많이 흘렀지만, 아직도 학생들 질문에 못 푸는 문제가 간혹 있다. 하지만 지금은 문제와 싸우기보다는 먼저 풀어보고 해설지도 꼼꼼히 읽어 보고, 더 나은 풀이법은 없는지 확인 후에 풀어준다.

강의를 이제 막 시작한 강사일수록 예전에 나처럼 문제와 싸우는 경우가 많을 것이다. 모르는 문제를 모른다고 하는 용기를 갖기를 바란다. 우리가 모든 문제를 다 잘 풀 수는 없다. 다시 풀어보고 다음 날 가장 쉬운 풀이를 해주는 것이 더 좋은 강사의 자세가 아닐까 생각한다.

예전의 나처럼 문제와 싸우기보다는 당당하게 모른다고 말하는 베테랑처럼 말이다.

나는 사람의 마음을 안아주는 그림책 강사다
- 새로운 삶을 만들어 내는 그림책 -

혼돈의 세상에서 어느 날 찾아온 희망이라는 친구를
그림책과 함께 만났다.
지친 일상에 힘이 되고, 용기가 되어 준 그림책
울타리 밖 세상에서 힘들어하는 모든 사람에게
그림책이라는 친구를 소개해 주고 함께 공감하고
소통하며 나누는 나는 마음 여행 메신저이다.
그리고 새로운 세상의 주인공인 사람들과
신나는 그림책 여행을 함께 하며 빛나는 보석이 되었다.

이은미

이은미 ●●●

- ○ 그림책 오색발전소 대표
- ○ 한국미래평생교육원장 / 그림책심리성장연구소 경기1지부장
- ○ 한국 작가협회 경기 북부 포천지부장
- ○ 윤슬 그림책 출판사 대표
- ○ 이루리 그림책 학교 활동가
- ○ 그림책 오색발전소 오색연구회 대표
- ○ 교육경력 25년

이메일 mi2241@naver.com
블로그 https://blog.naver.com/mi2241
연락처 010 3048 4897

평범한 일상에서 꿈꾸는 다른 삶

꿈보다 세상을 순수하게만 바라보던 어느 날, 설레는 마음으로 사랑을 느끼기도 전에 사회라는 곳에 서 있었다. 삶이라는 것을 알기 무섭게 세상의 많은 일은 나에게 다양한 경험을 하게 해주었다. 그렇게 나를 위해서가 아닌 살아내기 위해 직업을 가지게 되었다. 원하는 것이 무엇인지 하고 싶은 것이 무엇인지도 모른 채 생계를 위해 돈을 벌기 위해서 말이다. 시대가 과업을 이루듯, 나도 내 삶의 과업을 하나하나 만들어 내고 있었다. 아프니까 청춘인 것처럼 찬란하게 아름다운 날을 꿈꾸며 자유로운 삶을 살기 위해서 시간을 잘 활용해 가며 그것이 행복이라 믿었다. 결혼이라는 또 다른 세상을 만나기 전까지는 그랬다.

어쩌다 어른이 되어버린 나는 완전히 달라진 세계에서 혼자가 아닌 가족이라는 울타리 속에 더 좋은 환경에서 아이들을 키우고 싶었다. 경단녀라는 나의 또 다른 이름을 지워내기 위해 겁 없이 도전했던 학원 강사를 시작으로 아이들을 가르치는 교사로 진로가 바뀌었다. 세월이라는 시간은 어느새 나를 당당하게 일할 수 있는 전문직 여성으로 단단하게 만들고 있었다. 많은 아이와 학부모 상담을 하며 나의 교육관은 내 아이를 키우듯이 아이 한명 한명의 성향과 교육 방향이 보이기 시작했고, 엄마들의 고민은 같은 학부모 입장에서 부족한 것과 채워야 할 것들을 알려주기 시작하면서 전문가가 되어가고 있었다.

그렇게 학년 별로 반을 운영하면서 1대 다수 수업 보다 소수의 수업이 주는 효과를 알게 되었고, 내실을 다지기 위해 학습지 교사로 직업을 바꾸었다. 두 아이를 키우는 엄마로 집안의 일들도 챙겨야 하는 아내로 나의 자리를 지키며 일하기에는 매우 적절한 직업이었다. 다양한 아이들의 재능과 실력을 키우며 학습의 질을 높이는 일이 적성에도 딱 맞았다. 수도 없이 변하는 아이들을 대하는 감정 조절 부분도 교사라는 이름 앞에서는 다정한 선생님으로 학습의 습관을 잡아 나갈 수 있었다. 덕분에 엄마들의 고민과 아이들의 고민을 잘 들어주고 해결해주며 학습효과를 올릴 수 있게 하는 능력 있는 교사로 전국 최우수 교사 시상도 받고, 최우수 회원 관리 상도 받을 정도로 열정적인 직장생활을 하였다.

그러나 무던하게 15년의 세월을 잘 보내고 위기가 찾아왔다. 세월은 나이를 그냥 지나치지 않았고 건강도 그냥 지나치지 않았다. 부지런하게 열심히 책임을 다하다 보니 몸에 적신호가 켜졌고, 결국 수술해야만 했다. 2개월 휴직하고 건강을 챙기며 처음으로 산에 다니기 시작했다. 푸른 숲의 나무들과 정상에서 하늘에 떠 있는 구름과 대화를 나누었다. 그렇게 매일 2년 동안 꾸준하게 산 동무를 만나면서 내면의 나를 들여다보기 시작했고, 나를 위한 시간과 내가 하고 싶은 것에 대한 생각들을 무수히 많이 하기 시작했다. 자연은 그런 나에게 무언의 위로와 격려와 칭찬으로 용기를 주었고 도전할 수 있는 생각의 시간을 선물해 주었다.

생각에 생각을 거듭하면서 새로운 직업을 선택하고자 마음을 다잡았다. 여성일자리센터에 있는 지인에게 직업교육을 추천받았고 시니어 건강지도사라는 강사의 길을 선택했다. 그때 처음 알았다. 다양한 분야의 강사들이 참 많다는 것을 말이다. 우물 안 개구리가 바로 나였다. 새로운 도전은 또 다른 새로운 것을 알게 해주는 디딤돌이 되었다. 그 무렵 북극곰 출판사의 이루리 작가님을 만나 운명처럼 그림책이라는 또 다른 세상을 만났다. 그리고 머릿속에서 맴돌던 나의 꿈과 목표가 자연스럽게 내 인생에 들어왔다.

마음을 위로하고 치유하는 그림책 강사

아이 둘을 키우면서 처음으로 그림책을 보았다. 엄마도 처음이고 부모도 처음인 나로서는 그저 예쁘게 잘 키우고 싶은 열망과 로망이 있었다. 작게든 크게든 모든 부모는 자식에 대한 꿈이 다들 있을 것이다. 큰아이가 한글을 읽기도 전에 그림책들을 책장에 꽂아두고 좋은 건지 나쁜 건지 모르고 무조건 읽어주었던 시절을 생각하면 지금도 웃음이 나온다. 책장에 그림책이 늘어가는데도 그저 글과 그림이 있는 재미있는 책으로만 알고 있었다. 아이들에게만 읽어주는 책이라고 생각했다. 또한 아이들을 위해 학교나 도서관 기관들을 다니며 어린이 도서 연구회 회원 활동을 하면서도 그림책으로 강의를 할 수 있다는 생각을 안 해봤다.

그저 그림책은 아이들과 함께 보며 간단한 활동을 하는 정도로만 생각했다. 책 읽기 활동하면서 아이들이 즐겁고 엄마들이 좋아하는 정도였다. 이루리 작가님을 만나기 전까지는 말이다. 작가님을 만나고 그림책 활동가 공부를 시작으로 다른 그림책 전문 작가님들의 강의를 듣기 시작했다. 그리고 그림책 만들기를 알게 되었다. 그때부터였다. 그림책이라는 세상에서 빠져나오지 못하고 신비한 여행을 시작하였다. 그림책 만들기가 나만의 콘텐츠로 자리를 잡아가면서, 하나둘씩 그림책 콘텐츠들이 머릿속에 가득 채워졌다.

그림책을 만들기 위해 글을 쓰고 그림을 그리려면 마음속 감정과 느낌을 표현해야 하고 그것을 글로 나타내려면 내면의 글쓰기도 필요했다. 다양한 이런 활동들을 하게 되면서 자연스럽게 그림책 테라피를 해야 했고 결국 그림책 감정 코칭사로 연결되었다. 또한 그림책과 함께 글을 쓰기 위해 적절한 활동을 연결하려니 북아트 테라피도 생각하게 되었고 바로 연구하여 프로그램으로 개설했다. 그렇게 나의 작품들이 나오고 수강생들이 늘어나면서 강사양성까지 진행하게 되었다. 다양한 주제와 이야기가 그림책 한 권으로 모든 것을 가능하게 했다.

좋은 출판사에서 나온 깊이 있는 작가님들의 그림책을 보는 것도 좋지만, 나만의 이야기와 삶을 그림과 글로 세상에 소개할 수 있는 개인 출판 작가가 된다는 것 또한 의미 있는 일이다. 세상을 살아가면서 뿌듯하게 나의 역사로 남을 일이라는 걸 알기에 이 일에 보람을 느끼며 생각지 못했던 내면의 자신을 들여다보게 되었다. 알아차리지 못했던 나의 가치, 나의 소중함, 내 삶의 이야기들이 의식하지 못한 자아를 흔들기 시작했다. 그림책 심리의 치유가 시작된 것이다.

　그림책에는 기쁨이 있고, 슬픔이 있으며, 아픔과 행복, 즐거움과 삶의 모든 것이 있다. 그들이 나에게 들어와 내 삶을 들여다보고 이야기하고 느끼며 함께 공감하고 위로하며 치유하는 시간이 된다. 이런 경험을 통해 사람들의 마음을 안아주고 보듬어 주는 시간이 많아졌다. 그림책으로 만들어 낸 필사, 윤독, 발문 토론, 그림책 에세이 글쓰기와 그림책 심리가 바로 그림책 치유 프로그램인 것처럼 말이다. 직접 경험하고 체험한 것들은 우리들의 믿음과 신뢰를 더욱 빛나고 아름답게 만들어 주었다. 그림책에 표현되는 그림의 아름다운 색채와 화려한 빛의 조화로움이 마음에 잔잔한 공감을 주듯이.

　이렇게 많은 사람의 마음을 안아주는 따뜻한 강의가 그림책 만들기이며 그림책 심리이고 그림책 에세이 글쓰기이다. 내 인생을 글과 그림으로 아름답게 전달하고 하고 싶은 이야기들을 마음껏 표현해주는 그림책 만들기와 그림책 에세이 공저 출판이다. 원하고 하고 싶은 것들을 다 할 수 없지만, 그림책은 가능하다. 상상하는 모든 것을 현실로 만들어 주는 일. 그런 일들을 함께하고 성장하기 위해 동화작가 심리지도사와 그림책 심리시노사 자격 과정을 운영하여 강사양성을 현재 진행하고 있다. 이렇게 그림책으로 아름다운 세상을 만들어 가는 나는 그림책 전문 강사이다.

마음으로 공감하고 소통하는 나. 너. 우리 모두

너무도 빠르게 지나가는 시간 속에 하루가 어찌 지나가는지도 모르고 숨을 헉헉댈 때가 많다. 오늘도 복지관을 향해 아침 일찍 집을 나선다. 일주일에 한 번 수업을 아쉬워하며 나를 기다리시는 어르신들을 만나고 아이들을 만나기 위해 청소년문화센터로 발길을 돌린다. 한글 수업을 4년째 하는 어르신들의 열정과 집중력에 매번 초심을 잃지 않으려 노력한다. 그리고 아이들과 그림책 만들기를 하며 생각한다. 평범하게 보이지만 평범하지 않은 삶, 행복해 보이지만 고민이 많은 시간, 잘하는 것 같지만 불안함에 초조해하는 우리들의 흔들리는 일상. 이것이 지금 그림책을 봐야 하는 이유다.

그림책을 읽고 그림책 안에서 마음을 느끼고 사유하며 힘들었던 마음, 즐거웠던 추억, 설렘으로 놀랐던 순간들까지 깊이 있게 만나는 그림책 테라피. 그림책 테라피로 활동하면서 조금씩 내면을 탐색하는 시간이 늘어났고 자연스럽게 그림책 이론을 알게 되었다. 심리학자들의 이론으로 그림책을 연결하여 상처받은 내면 아이를 만나고, 대상관계 이론으로 자기와 타인의 관계를 알아가며 정신분석 이론으로 숨겨진 나를 찾는다. 마음속 어두운 그림자의 실태를 알게 되면서 그림책 심리로 사람의 마음을 보듬어 챙기는 사람이 되었다. 그렇게 학교나 기관에서 아이들과 성인 수강생의 마음을 안아주며 그림책 만들기와 그림책 심리 강사의 자리를 잡았다.

가족과 친구와 직장동료들이나 가까운 지인과 또는 나도 모르는 어떤 누군가와 대인관계를 맺고 감정이라는 경계선에서 부딪치며 힘들어질 때가 있다. 왜 아파해야 하는지, 왜 슬퍼해야 하는지 알지 못한 채, 잘 살았다고 잘 해왔다고 잘하고 있다고 믿으며 살아간다. 내 삶의 흔들림을 찾기 어려운 시간을 만나면서 나라는 자아를 찾으려 할 때 갑자기 찾아지고 만나지는 것이 아니다. 그 순간 그림책을 읽으며 각기 다른 주제에 나의 상황을 비추어보며 꿰맞추듯이 딱 맞는 퍼즐 조각들의 감정들을 만난다. 나도 몰랐던 내면의 나를 만나고, 모르고 익숙하게 지내왔던 힘듦과 고단함도 이유가 있다는 걸 알아차리게 된다. 수업을 통해 모든 사람이 듣고 느끼고 나누고 공감하며 지금 여기에 함께 존재함을 가치 있게 알아간다.

비단 지금 우리만이 아니다. 청소년기와 유년기 청소년기를 지나와 지금 중년이 되었고, 앞으로 다음 세대를 걱정하는 노년이 될 것이다. 어른이든, 아이든, 어르신들이든 모든 사람이 함께 듣고 느낄 수 있는 강의, 이것이 바로 세대를 연결하는 그림책 인문 강의이다. 남녀노소 누구나 각자의 자리에서 각자의 위치에서 각자만의 생각과 생활들로 어려움과 힘듦을 겪고 있다. 작게든 크게든 받아들이는 사람에 따라 그 깊이가 다르기에, 같은 입장에서 생각하고 인정하고 받아들이며 표현하는 마음들을 안아주고 위로하는 그림책 인문 강의로 심리적 스트레스도 해결한다. 그리고 마음과 생각을 치유하며 마음속에 숨겨진 나를 찾아 떠나는 여행을 함께 하기에 지친 내 마음을 위로받으며 치유적 글쓰기를 하기 위해 내 삶을 에세이하는 공저 출판 기획도 하고 있다.

나를 알고 다름을 인정하는 관계의 아름다움

어느 날 그림책을 읽고 난 후, 한 친구가 나를 부른다. "선생님, 저는 꿈도 없고 하고 싶은 것도 할 수 있는 것도 없는데요. 아무 생각이 없어요." 아이와 눈을 맞추며 지금 바로 원하는 것이 무엇인지 물어보았다. 그냥 자고 싶다고 말하는 아이는 확장형 질문을 하는 나에게 하나 둘 자신의 이야기를 하기 시작했다. 가만히 들어주는 것. 그것만큼 마음을 편하게 하는 게 또 있을까? 상대의 마음을 짐작하며 내 의견을 합리화하려 했던 지난 시절을 생각하면 웃음이 나온다. 인생에는 답이 없듯이, 생각에도 자유와 존중이 필요한 것이 이론적으로 옳다고 생각하면 그것을 인정하게 만들어야 하는 상황들이 있었다.

　아무런 꿈도 희망도 없던 그 아이는 그럴 수밖에 없이 이유가 있었고, 그것을 해결할 방법을 몰랐다. 그렇다고 알려주는 사람도 없었기에 그냥 되는 대로 시간이 지나면 하루가 사라져 가는 날들을 보낼 수밖에 없었다. 매주 한 번씩 아이의 이야기를 들어주고 이야기의 끝에서 나의 경험과 아이의 입장에서의 경험 예시를 들어가며 이야기를 나누었다. 몇 주가 지난 후 아이는 강의에 대해 질문을 했고, "선생님, 저 이렇게 만들어 보고 싶어요."로 차츰 바뀌어 갔다. 내가 이 일을 하는 이유이며 좋아하는 내 일을 사랑하는 이유이다. 내 삶이 행복한 이유는 그림으로 마음을 나누다 보면, 생각이 바뀌고 마음이 바뀌어 잊고 있던 내 안의 나를 만나 오롯이 나 자신을 사랑하며 나로 바로 서는 삶을 살 수 있게 하기 때문이다.

　누군가의 삶을 바꿀 수는 없다. 하지만 누군가의 생각을 바꾸고 긍정적인 마음가짐 컨트롤을 할 수 있게 도와주고 조금은 힘들어서 지쳤던 삶에 활력을 주고 용기와 위로를 주며 함께 공감하며 자신을 알아가는 삶으로 행복해지는 시간의 변화가 좋다. 그 변화로 풍성하게 채위지는 건강한 자아로 가치 있는 자기 삶을 살아간다면 그것만큼 성공한 인생이 또 있을까 싶다. 정보화가 넘쳐나면서 많은 것들을 배우고 익히는 시대 배움의 끝이 없듯이 나를 인정하고 다름을 인정하며 배움으로 성장하는 그 성장의 길에 그림책이 친구가 되고 지원군이 되고 평생 옆에 있는 든든한 내 편이 되어 준다. 그런 친구를 소개해 주는 그림책 가이드가 난 참 좋다.

집단지성으로 배우는 성장

처음 강사라는 직업을 선택하고 포기하려는 순간이 있었다. 그림책 강사 일을 알기 전에 첫 시작이 시니어 건강지도사였다. 적성에 맞다 생각한 것이 착각임을 알아차렸을 때는 이미 많은 시간이 흐른 뒤였다. 모든 정성과 체력을 나를 바라보는 어르신들에게 쏟아부었다. 모든 기가 떨어지고 에너지가 바닥나는 순간들이 많았다. 그뿐만이 아니다. 어르신들의 시간에 맞춰야 하니 식사 시간이 안 맞을 때도 많았고, 움직임을 위한 활동 용품들을 준비하는 것이 보통 일이 아니었다. 보기와 다르게 서정적인 나에게는 너무 힘든 일이었다.

강사 일을 시작하면서 바로 강사 동아리도 만들고 공동체 사업을 위한 준비도 시작하면서 많은 지원 사업들에 관심을 가지고 활동하였다. 너무 많은 열정과 에너지를 쓰다 보니 결국 몸에 무리가 왔고 가치관이 다른 강사님들과 의견 조율하는 것이 싫지 않았다. 사람의 마음을 읽는다는 것 또한 많은 어려움이 있었다. 열 길 물속은 알아도 한 길 사람 속은 모른다고 여러 방면에서 부딪치며 알아가는 시간이 길어졌고, 서로 원하는 것을 위한 소통의 시간도 어려움을 겪으며 관계 형성의 중요성을 경험하면서 함께 하는 것에 대한 믿음과 신뢰의 중요성을 많이 배우는 시간이 되었다.

다름의 차이와 생각의 관점으로 오해와 말조심의 시간을 깨우치는 처음 1년의 경험은 다른 사업들을 하면서 엄청난 도움이 되었다. 혼자 할 때와 함께 할 때 어려움의 차이는 기존에 알고 있던 좋은 사람이라는 믿음만으로는 형성될 수 없음을 알게 하였고, 서로 내어주고 채워주는 마음의 노력이 모여 결실을 보았다. 물론 금전적 문제는 더 큰 신뢰 속에 이루어져야 하고, 작은 것 하나도 소홀하지 말아야 한다는 진실을 다시 한번 다 잡았던 시간이 되었다. 힘든 시기를 겪어야만 더 큰 성장을 할 수 있기에 앞으로도 힘든 일들을 현명하게 지혜롭게 해결하는 것이 지금 나의 다짐이다.

교사라는 이름의 또 다른 나

강사 일을 시작하고 만난 수많은 수강생이 머릿속 구름 위로 지나간다. 학습적인 일을 교육하는 교사일 때도 더디고 느린 친구들에게 더 친절하게 깊이 있게 학습을 지도하고, 장애를 지닌 친구들은 같은 부모의 마음으로 함께 아이의 학습지도에 정성과 열의를 다했다. 그때마다 기억에 남는 친구들과 학부모님들이 많았다. 이사를 하여도 연락을 주실 정도였으니 잘하긴 했던 것 같다. 그림책으로 강사 일을 시작하면서는 마음을 적시는 일이 더 많아졌다. 한번은 그림책 만들기 교직원 연수에서 그림책 만들기 후 그림책 테라피로 마음을 열어주신 선생님들이 그림책 활동을 원하셔서 매월 그림책 테라피 활동 연수를 진행하였다.

내면의 나를 알아가는 시간이 처음이시라며 작게 움츠리고 있는 내면 아이를 만나서 엄마로부터 받았던 상처와 결혼 후 혼자만 하는 육아로 힘들었던 자신을 돌보지 못하고, 학교 교사로 학생들을 챙기며 병들어 있는 자신을 만나며 펑펑 우셨던 선생님이 계셨다. 잘해야 한다는 책임과 의무감에 흔들리는 모습을 보일 수 없었고, 엄마에게 인정받고 싶어 열심히 공부해서 힘들게 교사가 되었지만 결국 동생에게 밀려버린 사랑으로 아파하는 선생님의 모습에 마음에 빗물이 내렸다. 어린 시절부터 인정욕구로 가득한 자신 삶을 결혼과 동시에 보상받으려 했던 시간은 아이라는 생명을 얻으므로 다시 최선이라는 울타리로 자신을 가두고 말았다.

여자로서 엄마로서 아내로서 선생님으로서 다양한 인물로 살아내지만 결국 딸로서의 인정이 채워지지 않은 그분의 삶을 그림책으로 되돌아보며 내면 아이를 안아주는 시간이었다. 다른 선생님들에게도 공감과 현실에 잊힌 나를 다시 만나므로 거짓 웃음이 아닌 사랑으로 안아주고 인정해주었다. 아이들도 마찬가지이고 청소년이나 어르신들도 마찬가지이지만, 세상 누구보다 당당하고 위엄있어 보이는 선생님들과의 그림책 활동은 할 때마다 새로운 감정 마음 치유의 시간이 되어서 항상 기억에 남는다. 아이들을 위해 감사하다고 말했던 나에게 강사님 덕분에 세상을 다시 살아내는 기분이 든다고 말씀하신다. 또 다른 자아를 알아차림으로 내면의 아이를 만나게 해줘서 감사하다고 말씀하시며 고마워하신 선생님들이 지금도 생각난다.

사람의 마음을 안아주는 치유사

이렇게 사람의 마음을 안아주고 보듬어 주는 시간이 많아지면서 자연적으로 나 자신을 치유하는 시간도 생기고 있다. 우리는 무엇 때문에 왜 아파하고 힘들어하고 지쳤는지 모른다. 사소하게 보이는 모든 것들이 어쩌면 보이지 않게 나에게 아픔과 상처로 스며들어 있음을 모른 채 살아왔던 것이다. 기억나지 않는 어린 시절과 학창 시절은 좋은 기억으로만 추억하고 사회생활을 시작하며, 길들어졌던 직장에서의 생활들은 익숙한 성향으로 가정을 이루면서 그냥 평범하게 다들 그렇게 사는 삶이 되어있다. 그러니 시간과 삶에 쫓기어 힘들어 하는 내 감정을 모르는 것은 당연하다.

남들만큼 아니 남들보다 조금 잘살고 있으니 이 정도면 좋다고 합리화해버린 것이다. 그렇게 살아온 우리의 평범함이 그림책이라는 다양한 이야기와 주제에 어느 순간 내 인생을 투사하는 것이다. 새로운 내 삶이 보이고 느껴지는 시간 여행에 가이드 역할을 하는 내가 존재한다. 지금까지 힘들었으니 앞으로는 힘들지 않기를 바라는 마음과 따뜻한 온기로 채워주는 동행자. 그 여행길에 위로와 용기와 힘을 함께 나누고 공감하는 사람으로 따뜻한 손을 잡아줄 것이다. 나는 토닥토닥 사람의 마음을 안아주는 그림책 강사이기 때문이다.

용기 있는 도전으로 이룬 꿈

누구나 꿈을 꾸고 누구나 꿈을 가지고 있다. 하지만 그 꿈이 무엇인지, 심지어 꿈을 꾸고 있는지도 모르고 살아간다. 시간에 쫓기어 살아감에 지금 내가 어디에 있는지 무엇을 하는지 알지 못한 채 살아가고 있기 때문이다. 세월이라는 시간은 우리를 정신없는 삶의 울타리 안에 가두어 놓고 우물 안 개구리로 살아가게 하고 있다. 많은 정보와 지식을 요구하면서도 내가 하고 싶은 것이 무엇인지 생각할 틈을 주지 않는다.

　내가 원하고 좋아하는 한 가지를 하나만이라도 생각해 보자. 취미가 되어도 좋고 특기가 되어도 좋다. 아니 그냥 잠시 내 시간에 만들어 내는 작은 소망이라도 좋다. 내 안의 가치를 알아보고 인정해주는 나에게 다정한 내가 되어 보라. 따뜻한 말 한마디, 다정한 위로 한마디, 용기 낼 수 있는 응원 한마디, 매일 나에게 해주며 하고 싶은 게 무엇인지 물어보고 알아차려 주는 시간을 갖자. 코로나 팬데믹 이후 세상이 급속도로 빠르게 변하고 다양한 직업이 생기면서 1인기업들도 많이 늘어나고 있다. 또한 처음 듣는 많은 콘텐츠가 생겨나고 있다. 나만의 콘텐츠를 만들어 가고, 이끌어 가는 첫 시작이 강사라는 직업이다. 바로 1인기업을 이끌어 가는 것도 강사이다.

　내가 무언가를 고민하고 두려워할 때 누군가는 그것을 만들어 내고 실행에 옮기고 있다. 인생에 답은 없지만, 실행은 답이 된다. 우리 마음속의 어두운 반려자인 두려움의 그림자를 걷어내고 용기 내어 마음속에 숨겨진 나의 가치를 찾아 실행에 옮기면 된다. 빠르게 변하는 세상을 함께 가치 있게 살아내려면 용기 내어 도전하자. 자신 있게 용기 낼 때가 바로 지금이다. 지금 여기 존재하는 모든 것은 나로 인해 아름다워지고 나로 인해 세상을 이롭게 할 것이다. 바로 당신이 존재만으로도 아름답게 빛나는 보석이기 때문이다. 아직 내일이라는 시간은 오지 않았고, 우리의 여름은 끝나지 않았다. 오늘이 최고의 젊은 날인 것처럼 열정적으로 춤추듯, 호기심으로 나를 표현하고 가치 있게 만들어 보고 내 삶을 새롭게 에세이하자.

나는 인재의 역량 변화를 돕는
기업 변화강사다

엄마가 내 엄마라 정말 고마워요. 나도 엄마처럼 살고 싶어요."
　최근에 들은 말 중 가장 고마운 말이다. 엄마로, 아내로, 직장인으로, 기업교육 강사로, 작가로, 시민 활동가로, 호스피스봉사자로 살았다. 치열하게 살았다. 어제보다 나은 오늘을 위해 늘 긍정과 열정의 안테나를 유지하며 난 하루하루 감사하며 행복하다.

　"죽고 나서 어떤 사람으로 기억되고 싶은가?" 묻는다면, "100만 송이 꽃을 피워야 아름다운 그 별나라로 갈 수 있다"는 어느 노랫말 가사처럼 사람들에게 선한 희망 꽃을 피우려는 사람, '그녀는 가는 곳마다 꽃을 피웠다'는 사람으로 묘비명을 가슴에 안고 아름답게 잘 살려는 강사이며 작가라 말하고 싶다.

박선희

박선희 ●●●

- ○ 교육학박사(평생교육학)
- ○ (주)ESG경영연구원
- ○ ESG 경영연구원 이사
- ○ 한국강사교육진흥원 연구 위원
- ○ 한국코치협회 인증 코치(KAC)
- ○ 경남 카네기 연구소 전문 강사, 고용노동부 유관기관 근무
- ○ 작가, 기업강사(평생교육사, ESG진단평가사, 에니어그램강사, 명상지도전문강사, 고용노동부 산업교육전문강사)
- ○ 강의: 기업교육(사업주 훈련, 현장 소통 관리, 조직문화개선, 스마트워크) 카네기 리더십 강의, 커리어 컨설팅, 웰다잉과 명상
- ○ 저서:『책으로 날다』(2018),『죽음을 경험한 사람들』(2022)
- ○ 네이버 인물검색

이메일 ipsunny@hanmail.net
블로그 https://blog.naver.com/wakeupsun
연락처 010- 2567- 0505

설레는 마이크

"큰 딸래미, 노래 한번 불러 봐라", "아빠 그러면 음… 내일도 핫도그 사줘요?", "그럼! 핫도그 사주지. 하춘화 노래 좋네. 〈잘했군 잘했어〉 그 노래 알제?", "에헴, 아, 아, 영감~ 왜 불러? 뒤뜰에 뛰어놀던 병아리 한 쌍을 보았소? 보았지. 어쨌소? 이 몸이 늙어서 몸보신하려고 먹었지. 잘했군, 잘했어. 그러게 내 영감이라지.", "우리 딸래미 잘한다. 어이쿠 잘한다.", "누구 닮아 이렇게 잘하노?"

하루 종일 힘들게 일하고 귀가하는 아버지. 들고 온 누런 종이봉투에는 먹을 것이 **빵빵**하게 있었다. 아버지는 만화주인공 뽀빠이처럼 힘이 세었다. 나는 아버지의 오른팔에 남동생은 왼팔에 매달렸다. 아버지는 두 아이를 놀이터 지구본처럼 뱅글뱅글 돌려주었다. 술 한잔

하시고 기분이 좋을 때면 내게 유행가를 신청하였고, 잘한다며 박수를 쳐주곤 했다. 아빠, 엄마 앞에서 신이 나서 재롱을 떨며 부르던 핫도그 마이크, 내 인생 첫 마이크다.

"선희, 해 보겠니?", "제가요? 제가 할 수 있을까요. 선생님?", "해보렴. 선희야, 기회는 우연히 찾아온단다. 용기 있는 사람만이 할 수 있지." 초등학교 4학년 때의 일이다. 글쓰기를 좋아하는 나를 담임 유병근 선생님이 유심히 보셨나 보다. 문예부를 맡았던 담임 선생님은 글짓기반을 운영하셨고, 글쓰기와 말하기 방법도 알려주셨다. 사람은 누구나 자신을 표현하려는 마음이 있다. 글쓰기처럼 말하기 연습이 필요하다고 하셨다. 반 아이들의 작은 재능도 알아차려 응원하고 지지해 주었다. 늘 미소 지으며 자상한 멋진 분이셨다.

그때 난생 처음 마이크를 잡았다. 시조 백일장에 제출한 작품이 장원이 되어 시교육청에 나가게 되었다. 아침 조회 시간. 전교생들 앞에서 내 작품을 읽어야 했다. 읽고 또 읽으며 연습했다. 실수할까 두려움이 벽처럼 다가왔다. '쿵쾅쿵쾅' 가슴에서 방망이 소리가 나는 것처럼 쿵쾅거렸다. 마이크 앞에 서서 앞을 보니 많은 눈이 나를 쳐다보고 있었다. 방망이 소리 나던 심장이 이제는 대포 소리가 나는 것 같았다. 얼굴이 붉게 상기되고 땀이 났다.

단상 아래에서 선생님이 손을 흔들었다. "선희야, 많은 사람이 너를 쳐다볼 거다. 올라가면 한 명만 쳐다봐라. 열 명도 한 명, 백 명도 한 명이라고 생각하고 쳐다봐라. 한 명과 얘기하면 떨리지 않지? 연설은 그 한 명과 말하는 것과 같단다." 빙그레 웃으시는 담임 선생님을 보았다. 영화의 줌 인(zoom-in)처럼 300명의 눈은 흐릿하게 보이고, 한 명의 눈이 선명하게 보였다. 안심이다. "가을. 4학년 10반 박선희." 또박또박 원고를 읽어내려갔다. 관객은 한 명이었고 귀 기울여 나의 글을 들어주었다. 이어 짝짝짝 우렁찬 박수 소리가 들렸다.

누군가가 귀 기울여 내 이야기를 들어 줄 때의 희열. 끄덕여주는 모습. 인정받는 느낌. 전기가 흐르는 것처럼 짜릿했다. 한결 걸음이 가벼워졌다. 단상에서 조심조심 내려왔다. 담임 선생님이 내 머리를 쓰다듬고 엄지척 손을 보이며 미소 지으셨다. 나는 기쁨에 입을 다물 수 없었다. 흐뭇했다. 당시 상품으로 받은 만년필은 나의 보물이 되었다. '다른 사람 앞에 선다는 건 정말 설레는 것이구나. 나도 잘하는 게 있네.' 자신감이 생겼다. 선생님의 인정과 지지는 지금까지 내 삶의 자양분이 되고 있다. 나도 누군가에게 자양분이 되는 씨앗이 되고 싶었다. 나도 쓸모있는 사람이 되고 싶었다. 마이크의 설렘이 나를 강사의 길로 이끌었다.

소통및변화관리, NCS직무교육, 사업주훈련
코칭과 카네기 리더십 교육, 웰다잉과 명상

고용노동부와 산업인력공단에서 각 기업체를 대상으로 진행하는 여러 역량교육이 있다. 그중 사업주 훈련과정으로 현장 소통과 관련한 강의를 나는 하고 있다. 창원은 대기업과 더불어 2차 3차 4차 협력업체들이 많은 곳이다. 지역 특성상 창원뿐 아니라 진례, 진영, 김해 등 인근에 자리 잡은 기업체가 있다. 사업주 훈련으로 현장 소통 관련 강의를 한다.

회사는 이익을 내고 성과를 내는 곳이다. 회사 사장은 직원들의 고성과(高成果)를 위하여 투자한다. 국가도 중소기업의 역량 강화에 예산을 지불한다. 개인의 역량 강화는 기업의 역량 강화이고, 국가 산업에도 도움이 되기 때문이다. 회사의 우수 인재, 성공하는 인재로서 역량을 강화하는 데는 여러 요소가 있다. 직무의 전문화, 커뮤니케이션, 대인관계, 라이프코칭, 리더십, 갈등 해결, 자신감 향상, 자기 계발. 역량 강화 교육이 필요한 이유다.

왜 누구는 성공하고, 왜 누구는 실패할까? 왜 누구는 자신의 삶을 개척해나가고, 누군가는 타인의 삶에 따라 흔들리며 살까? 처음에는 카네기 강사로 대인관계, 의사소통, 리더십, 자신감, 걱정 고민 스트레스가 해결되는 과정, 성과를 내는 교육과정을 배우고 가르치며 이것이 해답이라고 생각했다. 자기 주도성과 동기부여에 대한 호기심에 코칭 관련 논문을 쓰며 또 다른 해답을 찾아갔다. 학위를 받고 나서 내 삶을 한 번 더 변화시켰다. 기업 강사로 작가로 일하면서 만나는 사람들이 많이 바뀌었다. 세상을 보는 눈도 바뀌었다.

아버지의 죽음을 겪고, 그 경험으로 『죽음을 경험한 사람들』 책을 출판하면서 죽음학과 관련한 책과 영상을 공부하고 강의를 한다. 명상과 웰다잉, 종교를 만나 호스피스봉사도 하며 지금은 삶의 나침반을 제대로 찾아가고 있다. 인생 비전, 목표, 오늘 하루의 삶이 얼마나 소중한지 죽음학으로 강의의 깊이가 더해졌다. 죽음은 그 무엇에도 걸리지 않는 삶을 살아가게 하는 힘, 현재를 감사하게 하는 강력한 힘이다. 웰다잉(well-dying)은 곧 웰빙(well-being)이다. 당신의 인생이 따분하고 힘들어 죽을 것 같다면 호스피스 봉사를 한 달만 해보시길 바란다.

최근에 강의한 업체는 신발을 만드는 회사이다. 간호사를 위한 신발, 간호화를 만드는 '너스○○' 회사다. 요즘 뜨는 강의인 '공유협력툴'을 해달라고 했다. 새로운 기업체에 대한 호기심으로 홈페이지를 찾고 사람인을 찾고 최근 기업체 뉴스도 찾아보고 대표의 성향도 찾아본다. 강의 가기 전, 회사를 상상하면 설렌다. 강의를 마치고 너스ㅇㅇ회사의 신발을 사 신었다. 간호화라 편하다. 다음 회차 수업에서 신어본 경험을 말했다. 생산직에 일하는 분들이나 조리하는 여사님들에게도 필요하겠다는 조언을 했다. 흰색 외의 색깔도 있는지 물어 보았는데 강의를 듣는 대표와 임원의 눈빛이 달라졌다. 스튜어디스를 위한 디자인을 계획 중이라고 답을 듣게 되었다. 확실한 라포형성이 된 것이다. 며칠 지나 이 업체의 대표는 다른 기업체 대표를 소개해 주었다. 나 대신 강의 안내는 덤이다. 물고기는 지렁이를 먹는다. 내가 좋아하는 아이스크림을 먹을 리 없다. 즉, 상대가 원하는 것 관심 있는 것을 톡톡 두드려 공감하는 것. 바로 넛지(nudge)다.

별걸 다 기억하는 강사 : 디테일의 힘

강의는 일정한 교육 장소에 수강생들이 출근하여 8시간 교육을 받고 퇴근하는 방식으로 진행된다. 주로 산업인력공단 연수원이나 대학교 강의실, 세미나실, 회사 회의실이나 대강당에서 강의를 진행한다. 상공회의소 강의장은 카펫이 깔려 있고 푹신한 소파 같은 의자 덕분에 수강생들이 편안하게 졸곤 한다. 때로는 딱딱한 의자와 책상에서 오는 적당한 긴장감이 오히려 강의 도움이 되기도 한다.

간혹 예외인 경우가 있다. 과학기술정보통신부에서 주최하고 부산광역시에서 지원하는 사업으로 디지털 배움터 강의를 했다. 찾아가는 디지털 역량 강화 기업교육이었다. 부산 벡스코 입주업체의 직원 강의를 한 적이 있는데 강의장이 없고 사무직원과 본부장 데스크 두 개가 있었다. 화이트보드 하나 있고, 컴퓨터나 노트북이 없었다. 초보 강사는 당황할 수도 있는 상황이었다. 하지만 난 항상 노트북을 2개 들고 다니기 때문에 하나는 강사가 보고, 다른 하나는 수강생들이 보는 방식으로 강의를 진행하였다. 또한 뉴○○ 취재본부에서 강의하였다. 기자들이라 노트북은 들고 다니는데 사무실에 스크린이 없었다. pdf 파일로 요약본을 보내어 함께 노트북 보며 강의를 진행했다. 기자들의 질문은 예리했고 이해가 되었을 때 표정은 명쾌했다. 강의는 잘 마쳤고, 피드백도 매우 좋았다. 프로는 어떤 상황에서든 문제를 해결해야 한다.

10분 강의를 제대로 하면 8시간 강의도 할 수 있다. 도입-전개-종결, What-Why-How 강의 기법을 제대로 활용하려면 시간에 맞추어 조절해야 한다. "참 신기하네. 똑같이 수업했는데 강사님은 어떻게 다 기억해요?", "별걸 다 기억하네." 얼마 전 대표님들과 함께 식사하며 오간 대화였다. 똑같은 1회차 수업을 했는데 박선희 강사는 수강생들 특징이나 이름을 기억한다는 것이다. 특징을 기억하는 나만의 노하우가 있다. 강의 시간에 참여한 수강생 이름과 직급은 외우려고 애쓴다. 이름도 제대로 불러준다. 대부분 자신의 이름을 불러주면 놀라워하며 좋아하는 사람 있다. 반면, 매우 비협조적이거나 내성적인 수강생은 안 부르는 것도 필요하다. 강의로 밥벌이하는 사람은 작은 일상에도 이처럼 디테일해야 한다.

수강생의 마음에 싹을 틔우는 순간

직장 생활과 강사 생활의 차이점으로 강사의 장점 3가지로 꼽을 수 있다. 첫째, 말할 자격을 만들어가는 과정이다. 예전 고용노동부 유관기관에서 일했다. 9시 출근, 6시 퇴근하며 눈떠있는 시간 하루 중 대부분을 직장에서 보냈다. 강사 일을 하며 가장 다른 점은 내 시간을 존중하며 일을 할 수 있다는 것이었다. 강사는 나를 팔아가는 과정이다. 그 과정에서 시간을 자유롭게 사용할 수 있다. 물론 시간이 부족할 때 끼니를 김밥으로 때우며 다니지만, 스스로 시간을 정한다는 점에서 자유롭다. 강사는 문턱이 낮지만, 스스로 참아내는 시간이 필요하다. 끊임없는 자기관리와 자기계발이 필요하다. 강의하면 꾸준히 나를 단련하게 된다. 건강관리, 독서와 공부, 시간관리, 인맥관리가 그것이다. 정해진 일을 하는 직장인과 달리 강사는 다양한 자기관리가 요구되는 직업이다. 그래서 꾸준히 성장하는 직업이라 나는 강의하는 강사가 좋다.

 둘째, 듣는 대상의 변화다. 새로운 지식을 아는 것도 강의의 주제다. 또한 아는 지식을 새롭게 요리하고 디자인하며 먹음직스럽게 청중의 기호와 눈높이에 맞게 잘 차려주는 것 중요하다. 꿰어야 보배라는 말이 있다. 그만큼 잘 전달하는 게 중요하다. "강사님 고마워요. 덕분에 저도 변화하게 되었어요. 저도 바꿔봐야겠어요."라는 피드백을 받으면 힘이 난다.

 셋째, 끊임없는 새로운 콘텐츠와 전달 방법의 고민이다. 강의를 준비하는 순간부터 강의를 마치고 끝난 뒤 청중의 피드백을 받으면 그만큼 짜릿한 것도 없다. 물론 모두가 최고점을 주는 것은 아니다. 하지만 충분한 공감으로 변화를 만들어 피드백을 받을 때 감사하다. 그러기 위해 자신의 강의 콘텐츠를 만들면서 새로운 트렌드에 늘 안테나를 세워야 한다. 강의는 청중의 살아있는 이야기, 산책을 함께 하기에 좋은 장(場)이며 도구이다.

 200여 명의 중 2학생들을 앉혀놓고 함안군청에서 강의한 적이 있다. 화창한 봄날 토요일 오전 9~11시, 자원봉사 필수 강의라 앉아있지만 잠 덜 깬 얼굴이었다. 대부분은 얼른 마치고 나가서 할 거리, 놀

거리에 관심 있는 얼굴이다. 아이들의 표정과 마음을 읽고 강의를 해야 한다. 일단 웃음이 나오면 성공이다. 문화상품권 10장으로 아이들 관심을 끌어내는 데 성공했다. 마칠 때 이메일 주소를 물어보는 학생, 잘 들었다며 다른 강의도 물어보는 학생도 있다. 청중의 마음에 씨앗이 싹을 틔우는 순간이다.

내 삶의 터닝포인트

강사는 두 가지를 꾸준히 해야 한다. 바로 강의력과 영업력이다. 1인기업가의 특성상 강의 영업을 꾸준히 해나가야 한다. 영업력은 여전히 힘든 부분이다. 강의에서 힘든 것은 타성에 젖지 않으려 끊임없이 노력해야 하는 것이다. 끝이 살아 있어야 한다. 말끝, 손끝, 발끝, 끝이 죽으면 끝난다. 마치 대장장이의 수천 번의 두드림에 단련된 뜨거운 강철처럼 말이다.

15년 전 카네기 강사과정을 할 때가 생각난다. "여보세요? 선희씨?", "경민씨, 아무래도 나는 돌인가 봐. 강의장 앞에 서면 머리가 하얘져서 기억이 안 나. 엉엉엉", "일단, 진정하고 콜라를 마셔봐.", "콜라?" 학원강사로 일하면서 몇 달째 주말을 반납하고 종일 카네기 강사과정에 몰입할 때였다. 1:5로 소장님과 선배 강사님들 앞에서 모의 강의를 하였다. 발성부터 시선 처리, 서 있는 자세, 강의 도중 돌발질문에 대한 응대까지 외워서 하는 강의가 아니었다. 나 자신을 깨뜨리고 부셔 유연하게 해야만 가능한 강의였다. 신랄한 강의 피드백을 받고 나와 차에서 한참 울었다. 정말 나 자신이 무능하고 무기력해 보였다. 답답한 마음에 남편에게 전화했고 말없이 하소연을 듣던 남편의 조언 따라 콜라를 마셨다. 목을 톡 쏘는 콜라의 시원함이 답답한 내 가슴을 뻥 뚫어 주었다. 이후 종종 강의가 안 풀릴 때 평소에 입도 대지 않는 콜라를 마신다. 아직도 시원한 콜라를 마실 때면 힘들게 배웠던 강사과정과 남편의 자상함이 떠오른다.

일반적인 강사 과정은 하루 이틀 강의를 듣거나 시험을 치면 수료증을 받는다. 하지만 100년 역사의 전통 있는 카네기 리더십 강사과정은 다르다. 12주차 일반과정과 12주차 코치과정 3회를 하고 선배 강사님들의 추천과 소장님의 오케이 사인이 있어야 강사과정을 할 기회가 주어진다. 매주 나와서 연습하고 또 연습하고 여러 케이스를 풀어보고 다시 연습한 뒤, 서울 본사에서 합숙하며 강사과정 테스트를 거친다. 3년 동안 강사과정을 하면서 몇 번이나 포기하고 싶었다. 산에 올라 나무를 수강생이라 생각하고 연습했다. 수강생 한명 한명 동기부여로 변화를 이끌어내야 했다. 강의 피드백은 냉정하기에 평소 말투나 생활 습관에서 카네기인으로 살려고 노력했다. 카네기 강사양성과정은 내 삶의 터닝포인트였다.

5톤의 지식보다 1그램의 감성

수많은 수강생이 떠오른다. 108시간 동안 강의를 받은 수강생들이 있었다. 직무교육과 소통교육을 100시간 넘게 한다니. 108시간 강의한 나도 보통이 아니지만, 수강생들도 대단하다. 70대 나이에 어디에서 일하겠냐 싶지만, 선박 용접일을 하는 김여사에게 나이는 숫자에 불과했다. 새벽 4시 30분에 일어나는 김여사. 아침밥을 지어 남편과 먹고, 커피를 내리고, 강아지 먹이를 주고 강의장에 제일 먼저 도착한다. 매일 아침 갓 내린 따뜻한 아메리카노 커피를 준다. "강사님 덕분에 많은 것 배웠어라. 지난번에 가르쳐주신 '오행~ 오사~' 인사하는 거 남편한테 했더만, 뭐 잘못 묵었나 와그라노 하는 거 있지라. 3일 계속하니까 허허허 웃네. 좋은 거 알려 줘서 고마우이." 따뜻한 아메리카노에 그녀의 마음이 녹아있었다.

현장에서 일하다 허리를 다친 이○○님도 기억에 남는다. 산재(산업재해) 보상 기간이 끝나고 복귀해야 하지만, 꼬부랑 할머니처럼 기역자로 구부린 등을 부여잡고 숙인 채로 걸었다. 철재가 떨어져 다행히 목숨은 건졌지만, 부상이 오래갔다. 병원 생활이 길어지면서 성격도 변화하였단다. 첫 시간 강사소개를 하며 힘든 시기를 견뎌내고 변화한 나의 이야기를 듣고, 그는 쉬는 시간에 와서 조심스럽게 말을 건넸다. "강사님, 정말 변화할 수 있어요? 나도 될까요?" 이후 코칭을 통하여 그가 정말 원하는 것이 무엇인지, 일터에서 어떻게 하고 싶은지 물었다. 코칭 목표설정에 따른 해결방안으로 허리를 펴는 데 도움이 되는 스트레칭을 알려주었다. 쉬는 시간마다 강의장 주위를 걷고, 점심시간은 연수원 근처 동산을 가보겠다고 한다. 강의실에 갈 때마다 피드백을 했고, 그가 조금씩 변화하는 모습이 보였다. 계절이 지나고 오랫만에 강의를 갔는데, 그의 등이 30도 정도 펴져 있었다. 놀라운 변화였다. "강사님 덕분에 건강해졌습니다. 자신감이 생겼어요. 다음 주에 복귀합니다. 정말 감사합니다.", "축하해요. 이○○님이 스스로 하신걸요." 작은 크리스마스 케이크를 내게 내밀며 환한 얼굴로 씨익 웃는 그를 보니 나도 흐뭇했다.

때로는 마주하는 수강생 중 일부는 근무시간에 강의받으니 일을 대신해줄 사람이 있는 것도 아니고, 교육 마치고 자리에 가면 산더미 같은 일 처리에 힘들다며 왜 굳이 교육을 받아야 하느냐, 교육받는다고 뭐가 바뀌냐는 귀찮음과 불만, 무관심이 얼굴에 가득하다. 하지만 회사방침에 따라 강의장에 어쩔 수 없이 오는 것이다. 몸은 다 큰 어른이지만, 마음 상태는 성난 5세 아이와 같다. 또는 무관심한 중 2학생과 같다. 성난 5세 아이와 무관심한 중 2학생들을 떠올려 보라. 무엇을 가르쳐야 하는가? 그들은 본인의 삶의 터전에서 10년 20년 30년을 살아오고 자리 잡은 사람들이다. 그 분야의 달인이다. 감히 그 앞에서 아는 체, 잘난 체하며 가르친다면 좋아할까? 순순히 들을까? 당신이 그 수강생들 자리에 앉았다면 어떨까? 면도할 때 그냥 면도칼을 들이대면 베이고 피가 난다. 쉐이빙 크림을 발라야 부드럽게 면도를 할 수 있다. 수강생도 마찬가지다. 어느 정도 나가도 될지 아니면 멈춰야 될지, 수강생들의 반응을 살펴보아야 한다. 그러면 성난 5세 아이도 무관심한 중 2학생도 마음이 움직이는 감동의 순간이 있다. 바로 변화의 시작이다.

꼭 기억하라. 강사가 생각하는 것만큼 수강생은 이 강의에 관심이 없다. 하지만 수강생은 강사가 생각지 못한 작은 것도 기억한다. 프로는 그 작은 차이를 알아야 한다. 진정성과 겸손이다. 성난 5세 아이도 무관심한 중 2학생도 당신과 함께한 지식보다 느낌을 기억한다.

AI강사와 휴먼 강사의 차이 : 훈습(薰習)

A.I 강의가 가능한 시대이다. 수강생은 유튜브나 구글을 통해 외국에 있는 유명 강사의 명강의도 들을 수 있다. 강사의 역할은 무엇일

까? '강의는 훈습(薰習)이다.' 이렇게 단언하고 싶다. 향연기가 몸에 배듯이 내가 사는 삶 속에서 녹이고 배여 체취처럼 우러나야 한다. 아는 것이 힘일까? 아니다. 하는 것이 힘이다. 수강생들로 하여금 변화하게 해야 한다. 스스로 자발적으로. 훈습되지 않은 강의는 울림이 없다. 단지 큰소리로 떠드는 스피커일 뿐. 고요한 호수만이 달을 비춘다. 내 마음이 복잡하고 휘몰아치면 수강생을 있는 그대로 비출 수 없다.

기업 강사는 선호하는 직업이다. 화려해 보인다. 하지만 회사에서 시켜서 어쩔 수 없이 앉아있는 비자발적 수강생들을 일으켜 세우는 것은 극한 직업이라 할 수 있다. 한두 시간 일일 특강은 재미있게, 스팟으로 하면 된다. 척하면 된다. 하지만 루틴하게 매주 대해야 하는 강의는 척이 통하지 않는다. 요즘은 유튜브나 네이버로 다양한 많은 정보를 접할 수 있기에 누구나 박사다. 제대로 잘 알지 못하면서 다 안다고 생각한다.

가장 중요한 것은 '품성'과 '진정성', '눈높이'이다. 직장 생활을 오래 한 사람들이기 때문에 사람을 보는 눈이 있다. 거짓으로 아는 척, 있는 척해서 안 된다. 그 사람들의 언어로, 눈으로 볼 줄 알아야 한다. 물론 쉽지 않다. 그래서 늘 지적인 공부뿐 아니라, 명상을 통한 부단한 마음공부가 필요하다. 살아있는 책(living book). 저마다 한

권씩 삶의 책으로 산다. 수강생이 살아온 책, 산책을 함께 하는 것이 강의다. A.I가 할 수 없는 것은 무엇일까? 바로 품성이다.

강의는 함께 성장하는 훈습

"강사님처럼 기업 강사가 되고 싶어요. 어떻게 하면 기업 강사가 돼요?", "그래요? 사람 좋아하세요? 무슨 이유로 기업강의를 하고 싶어요?", "멋지잖아요. 돈도 많이 벌 것 같아요. 학생들 강의나 노인들 대상 강의와는 다를 것 같아요." 많이 듣는 말이다. 기업강의가 멋져 보이는 것은 맞다. 투피스 정장에 노트북, 전문가 이미지, 자신감 넘치는 당당한 자세, 미소, 화려한 언변, 감동, 부러움. 강사는 화려한 직업일까? 아니다. 화려해 보이는 극한 직업이다.

"나는 어떤 강사인가?" 늘 내게 하는 질문이다. 늘 새로운 공부를 한다. 요즘은 환갑 이후에도 팔팔하게 들고 다닐 마이크를 준비 중이다. 배우 윤여정은 이렇게 말했다. "먹고 살려고, 내 아들들, 금쪽같은 내 자식들 먹여 살리려고 일했어요. 엑스트라 조연 주연 가리지 않고 일했어요. 그런 경험들이 쌓여 이 자리에 왔어요" 맞는 말이다. 이것저것 따지지 마라. 절실해야 한다. 물속에서 숨쉬기를 간절히 원하는 헐떡임. 절실해야 쟁이가 된다. 겸손해야 기회가 온다. 세상일은 인드라망이다. 서로가 서로를 비추어주는 무수한 유리 보석이다. 혼자서는 결코 빛날 수가 없다.

"강사님처럼 유능한 강사가 되고 싶어요. 어떻게 하면 돼요?"라는 질문을 받는다면 난 말하고 싶다. "씨익 웃고 쓰윽 하면 되지요." 이것은 '인간관계'는 씨익 미소 지으며 활기차게, '일'은 고민하지 말고 쓰윽 해내자는 카네기 명언이다. 오늘 나는 훈습으로 단련된 갑옷을 입고 환하게 씨익 웃고 쓰윽 강의하러 힘차게 나선다.

나는 답을 찾는 강사다

1인 기업 사업가, 교육 회사 임원, 작가

내게는 인생 질문이 있다. '나는 누구인가? 어떻게 살다가 떠나야 하는가?' 이다. 거창하게 보일 수도 있고, 종교적으로 보일 수도 있지만 나에게는 인생에서 가장 근본적이고 궁금한 질문이었다. 그 질문이 내 삶을 여행처럼 이끌어서, 명상센터 10년, 강사 16년의 인생 여행을 하고 있다.

그 질문에서 찾은 답은 인생 전반에 걸쳐 절대적인 도움이 되었다. 어렵거나 심각한 고민에 닥쳤을 때 '메멘토모리' 라는 라틴어만 떠올려도 답은 절로 나온다. 그 단어는 인생 시작과 끝을 관통해서 지금을 통찰하게 한다. 이 질문과 답이 교육재료가 되고 기획하고 강연하는 데 큰 힘이 된다.

강사를 하면서 새롭게 생긴 질문이 있다. '사람들 관계에서 진정한 답은 무엇일까?', '사람들에게 진정 가치 있는 교육은 어떤 것일까?' 라고 물어가며 답을 찾아 강의를 만들어 간다. 이 질문은 다시 내 인생을 여행처럼 살게 하고 있다.

박인수

박인수 ●●●

- ○ 토탈웰니스 대표
- ○ 인성코리아 기획팀장, 교육이사
- ○ HSP컨설팅유답 팀장, 수석연구위원
- ○ 삼성, 현대, LG, SK 등 글로벌기업 200여 곳 출강
- ○ 행안부, 국세청, 인사혁신처, 서울시, 경기도, 부산 등 중앙부처, 지자체 출강
- ○ 서울대학교, 서울시립대, 경상대학교 등 대학교 출강
- ○ 명상센터 10년 운영 – KBS, MBC 출연
- ○ 국궁(전통 활쏘기) 4단, 궁도 지도자, 심판
- ○ 요가 1급 강사, 필라테스 강사

이메일 b612is@naver.com
연락처 010-3483-7720

인생의 답을 찾기 위해 시작한 여행

어린 시절부터 답을 찾고 싶은 인생의 질문이 있었다. '나는 누구인가?', '어떻게 살아야 하는가?', '어디서 와서 어디로 가는가?' 3가지 질문이다. 그 질문의 답을 찾기 위해서 명상센터와 강사를 하게 되었다. 현재는 그 답을 찾았고 그것이 지금의 나를 있게 했다.

철없던 5살 겨울, 엄마가 아침에 따스한 노란 털 달린 코르덴 바지를 입혀 주는 데 갑자기 이런 의문이 들었다. '나는 뭐 하려고 태어난 걸까?' 라는 궁금증이었다. 아버지는 가장이라서 일하시고 엄마는 가족을 돌보고 동생들은 아무것도 몰랐다. 하지만 곧 잊혔다. 어리기도 했고 재미있는 놀이와 친구들이 있었기 때문이다.

그러다가 고등학교 2학년 때 친구에게 조금 심하게 장난을 친 적이 있는데 그 친구가 "으이그 인간아! 왜 사니? 왜 살아?"라고 말하면서 화를 냈다. 이 질문을 듣는 순간 한 대 얻어맞은 것처럼 머릿속이 텅 비고, 멍해지면서 온통 그 질문밖에 떠오르지 않았다. 그때부터 그 질문은 인생 질문이 되었고 답을 찾아야겠다는 생각만 남았다.

군대 가기 전에도, 다녀온 뒤에 그 질문은 내 삶 전체를 완전히 흔들어 버렸다. 늘 마음은 허전했고 어떤 것에도 흥미와 재미를 붙이지 못했다. 연애해도 행복하지 않았다. 슬픈 것도 좋은 것도 와닿지 않았다. 어떤 감정도 느껴지지 않고 마음은 채워지지 않았다. 항상 텅 비고 아픈 가슴 속에 아련한 느낌만 있었다. 한번은 군대를 제대하고 방역 아르바이트를 하다가 2층 높이에서 떨어진 적이 있었다. 그런데 그 짧은 순간에 임사체험을 하게 되었다. 태어난 순간부터 일하는 지금까지 꿈을 꾸듯이 돌아봤다. 몇 초 안 되는 짧은 시간에 그동안 살았던 시간이 느린 영상처럼 지나갔다. 그 순간 '이러다가 죽겠다.'라는 위험이 직감되었다. 예전에 운동했던 낙법으로 머리를 보호했고, 위기를 모면하면서 크게 다치진 않았다.

하지만 그 일은 화두로 계속 남아서 '그때 잘못했으면 죽었을 수도 있었겠다.'라는 생각이 들었다. 언제 어디를 가든 어느 곳이든 '죽을 수 있구나.'라고 느꼈다. 그래서인지 '어떻게 살아야 하는가?'라는 질문의 답을 찾는 것이 더욱더 간절해졌다. 답을 찾아보려 모태 신앙에 의지했지만 답은 보이지 않았고 다른 종교를 가 봤지만 답을 주는 곳은 없었다. 그러다가 우연히 만난 곳이 명상센터였다. 기체조와 단전호흡, 요가, 기공 등을 수련하는 곳이었다. 그곳에서 사고로 다친 몸이 정상으로 돌아왔고 그전보다 훨씬 건강해졌다. 그리고 명상을 통해 내면적인 수련도 했다. 명상은 삶의 근본적인 물음과 답을 찾는 과정이 있었다. 자아를 발견하는 과정을 통해서 삶의 정체성도 찾게 되었다. 또 이후에는 자아를 실현해서 인생을 완성하는 과정을 알게 되었다.

덕분에 더 이상 답을 구하려 방황하지 않게 되었다. 내 가치를 실현하기 위해서 명상센터 지도사범이 되었고 이후에는 원장이 되고 회원들을 만나면서 잔잔한 즐거움과 행복감, 감사함으로 매일매일 너무나 좋았다. 의미 없고 허전했던 마음이 사라졌고 이 삶이 인생의 답이라고 느꼈다. 그렇게 행복한 상태가 되니까 KBS와 MBC 같은 방송국에도 출연하게 되고, 여러 곳에서 강의 요청으로 출강도 하게 되었다. 하지만 그것도 한계가 왔다. 명상센터가 너무나 좋았지만 '작은 곳에 갇힌 게 아닌가?' 라는 의문이 들었고, 우물에 갇히지 않고 싶어서 또다시 길을 찾기 시작했다.

그러다가 알게 된 것이 강사라는 직업이었다. 명상센터를 하면서 TV 출연과 강의를 나갔던 것이 동기가 되었다. 첫 강사 생활은 'HSP컨설팅유답'이라는 회사였다. 그곳의 교육 프로그램은 2일 과정의 '유답'이었다. 회사명이면서 교육명인 유답(YOU-答)의 의미는 '당신 안에 답이 있습니다.' 라는 뜻이었다. 그 이름이 내 삶의 방향성과 너무나 잘 맞아서 기뻤다.

조직 활성화, 리더십, 소통, 힐링

유답은 HRD 분야에서 교육계 삼성이라고 불리었고, 조직문화를 바꿔주는 조직활성화교육 최고의 기업이었다. 그곳은 세계적인 글로벌기업들과 삼성, 현대, SK, LG 등 국내 대기업, 중소기업에서 주로 교육을 했고, 인사혁신처와 행안부, 국세청 등의 중앙부처부터 서울시청, 경기도청, 부산시청 등 지방자치단체까지 공무원들을 교육했다. 어디를 얼마만큼 교육했는지 모를 만큼 많은 곳을 갔다. 1년에 200일 이상 출장을 다닌 적도 많았다. 그 덕분에 출강하는 분야 중 조직활성화와 핵심가치과정, 리더십과 소통에 대한 강의가 제일 많고, 다음으로 공직가치, 건강과 힐링 교육 요청이 많이 온다.

16년 정도 수없이 많은 강의를 다니고 교육 콘텐츠를 개발해왔다.

그러다가 어느 날 문득 지금까지 살아온 삶이 하나로 연결되어 보이기 시작했다. 교육생들을 통해 세상 속에 존재하는 문제가 보였고, 그 해답도 보이기 시작했다. 문제도 답도 너무나 단순하게 느껴져서 처음에는 아니라고 생각할 정도였다.

교육을 요청해 올 때는 다양한 요구사항이 있다. 조직에서 생긴 문제와 원인을 말해주고, 답을 찾아서 교육으로 해결해 주기를 바란다. 대부분 조직 내부에서 볼 때는 답이 잘 안 보이는 경우가 많아서 요청한다. 하지만 외부의 시각으로 보면 생각보다 쉽게 답이 나온다. 그 답은 사람의 내면에 있다. 대인관계든 개인이든 다 비슷하다. 리더십, 성과관리, 사람관리, 조직관리도 결국 대인관계에서 생긴 문제를 해결해야 한다. 갈등관리와 조직활성화, 커뮤니케이션, 핵심가치도 관계 속에서 발생된 내면의 문제를 해결해야 한다. 건강과 힐링, 명상도 내 안의 문제와 인간관계의 문제를 해결하는 것이 핵심이다. 급여와 인센티브, 복지와 인사제도를 아무리 잘 만들어도 결국 사람 안에 있는 문제를 해결해야만 한다.

사람 내면에서 생긴 문제는 답이 어렵다고 생각하지만 의외로 쉽다. 문제를 만든 정서와 감정을 화해시키고 연결해 주면 변화가 일어난다. 즉 마음을 연결해 주고 교감이 원활하면 저절로 해결되는 것이다. 거기에 미래 비전을 보여주면 사람들은 행동이 바뀌기 시작한다.

사람은 절대로 이성적으로 판단할 수 없다. 우리가 이성이라 부르는 것의 뿌리에는 감정과 기억이 자리잡고 있다. 이 기억과 감정이 정서가 되고 인간관계에 작용한다. 뇌과학자 박문호 박사는 저서 『뇌 생각의 출현』에서 사람의 뇌는 '감정에 물든 기억'으로 정보를 처리한다고 말한다. 뇌가 '정보 수신-처리-출력을 할 때 기억 속 감정이 크게 영향을 미친다'라고 말했다. 세계적인 석학 안토니오 다마지오 박사도 비슷한 말을 한다. 저서 『스피노자의 뇌』에서는 '느낌, 감정, 정서가 우리 마음의 토대를 이루고 있다'라고 말했고, 의사결정을 할 때 '감정, 정서, 정동(감정과 정서의 모든 현상)이 관여한다'라는 거다.

뇌과학자들의 이야기는 정서와 감정이 판단과 행동에 지배적인 영향을 미친다고 말한다. 정서와 감정은 긍정적일 때보다 부정적일 때 더 강하다. 그것은 뇌가 발달해 온 과정이 생존과 직결되어 있기 때문이다. 위험에 노출되면 대뇌변연계의 기억은 위협을 감지하고 생존을 위해 강력하게 대처하게 된다. 그 기억 속 감정을 우리는 부정직인 상태라고 말한다.

대인관계에서 상처, 손해, 불이익을 받으면 위협을 받는다고 느낀다. 그것이 부정적인 감정을 일으키고 갈등을 일으킨다. 이것을 해결하려면 반드시 두 가지가 필요하다. 첫 번째가 상황이 해결되어야 하고, 두 번째가 정서와 감정의 해소이다. 마찬가지로 이렇게 할 때 개인과 조직도 변화한다. 상황을 해결하는 것이 반드시 이루어져야 하고 그와 함께 정서와 감정의 변화를 줘야 한다. 상황만 해결되면 안 된다. 그때 생긴 감정이 조직 구성원들에게 앙금으로 남는다. 반드시 상황 해결과 정서 변화를 같이 줘야 개인도 조직도 탄력을 받아서 나아갈 수 있다.

교육은 친밀감, 오픈 마인드로 소통하는 정서부터 형성시킨다. 사람과 사람을 연결하고 하나로 연결되는 공감대를 만든다. 그리고 반드시 감동을 줘야 한다. 이렇게 해서 실제 경영에 긍정적인 역할을 해왔다. 수년간 파업 없이 타결된 K사와 H그룹, 노사협력에 성공한 기업인 S그룹, 법정관리 상황에서 힘을 모아 이겨낸 D사와 S*사가 그 결과였다. 그때 함께 강의 갔던 강사들은 그 회사 주식을 사둬서 수익을 보는 경우가 허다했다. 정서의 변화와 상황을 바꾸는 솔루션이 된 좋은 예시이다.

어떤 곳이든 답을 갖고 출강한다

주로 기업과 공무원, 공사공단에서 강의를 한다. 물론 대학교에서 강의한 적도 있지만 그렇게 많지 않다. 기업에서는 주로 조직활성화나 핵심가치, 직급별 리더십을 주제로 강의하고 있다. 공무원들은 주로 공직가치, 힐링, 건강, 조직활성화 분야를 요청하는 편이다. 공사공단은 기업과 비슷하게 교육을 요청해온다.

2020년 3월 경부터 코로나19 때문에 교육업계와 강사들이 큰 타격을 받았다. 어떤 곳은 존버 정신으로 버티다가 사라졌다. 하지만 내가 있는 곳은 온라인 교육을 빠르게 도입하면서 잘 이겨냈고, 성과도 많이 났다. 특히 공무원들은 필수로 교육을 받아야 해서 그쪽으로 타깃을 잡았다. ZOOM으로 힐링 콘텐츠를 개발하고 강의를 했는데 첫 교육부터 평점이 5점 척도에 4.87이 나왔고, 그 이후로도 기본적으로 4.8~4.9대의 아주 높은 점수가 나왔다. 그렇게 높은 만족도가 나오면서 공무원들 사이에 입소문이 나기 시작했고, 홈페이지 유입, 전환 비율이 급속도로 높아졌다. 현재도 온라인 교육의 수요는 꾸준히 있다. 온라인에서 교육의 완성도가 높다 보니 다시 시작된 오프라인도 평점이 높게 나온다. 꾸준히 추가로 교육 요청이 온다. 공무원 6

급, 5급 승진자나 장기과정, 신규 공무원, 세대공감, 공직 가치뿐만 아니라 퇴직자와 다양한 분야로 확산 중이다.

　1~2시간 특강을 요청해서 갈 때도 있지만 주로 1~3일간의 교육을 하는 경우가 대부분이다. 짧은 특강은 순간적으로 인식의 변화를 주지만 시간이 지나면 효과가 떨어진다. 1~3일 정도 교육을 하면 다양하고 깊은 변화가 일어난다. 교육을 통해 함께 소통하고 체험하고 밥을 먹고 잠을 자면서 교감이 깊어진다. 그럴 때 정서적인 변화가 일어난다. 만일 강사가 되려고 한다면 1~2시간 강의보다는 1~3일간 교육하는 강사가 되길 바란다. 사람들이 생기는 변화를 통해서 강사 자신에게 오는 감동과 보람이 더욱 감사하게 느껴지기 때문이다. 강사도 며칠간 교육생들과 밥을 먹고, 잠을 자면서 교감하고 소통하면 강의에 더 힘이 실린다.
　교육생 개개인의 생각을 더 이해하게 되고, 조직 내에서 무슨 일이 있었는지 잘 알게 된다. 이때 교육생과 공감대가 깊어진다. 첫째 날보다는 둘째 날 강의가 현실에서 더 깊은 변화를 주도록 내공이 발현된다.

세상을 이해하게 되고, 내 삶의 진정한 가치를 알게 된다

한마디로 강사라는 직업은 매력적이다. 요즘 직장인들은 일에 갇혀서 살아간다. 기성세대는 나이와 가족 때문에 벗어나기 힘들다. MZ 세대는 조금 더 자유로운 사고로 이직과 퇴직을 하지만 자신만의 삶에 뿌리내리기 힘들어한다. 어떤 삶이 더 나은 가치인지 판단할 수는 없다. 인생의 답은 각자 다르다. 한 우물을 오랫동안 파는 사람도 있고, 여러 곳을 통해 경험을 쌓는 사람도 있다. 각자 나름대로 의미와 가치가 있다. 이게 옳은 답인지 그렇지 않은지 시간이 많이 지난 후에 알게 된다. 나중에 자신의 삶 속에서 후회하는 것도 생기고 받아들이는 것도 있다. 그 덕분에 지금의 삶이 존재할 수 있어서 감사하기도 한다.

하지만 강사는 내가 원하는 삶의 가치를 세상을 통해서 보고 나아가게 한다. 마치 내비게이션처럼 보면서 살아간다. 어릴 적 성적이 안 되어서 꿈도 못 꾸던 서울대학교에서 강의도 하게 되고, 국제적인 글로벌기업을 교육하기도 한다. 삼성, 현대, LG, SK 등 대기업에서 멋지게 강의할 수도 있다. 대한민국의 정책을 펴내는 인사혁신처, 행정안전부, 국세청 등 정부의 중앙부처 교육도 하고 지방자치단체 공

무원은 셀 수 없을 정도로 교육을 한다. 수없이 많은 회사, 조직, 단체를 교육하면서 크게 깨닫게 된다. 세상을 넓고 다양하게 그리고 깊이 있게 보게 되고 교육생들을 만나 인생도 나누게 된다. 나뿐만 아니라 다른 사람들의 삶은 어떤지 너무나 궁금했는데 교육 중간에 대화를 통해 간접 체험을 하게 된다. 책이나 SNS로 볼 수 없는 사람들의 삶을 깊이 있게 이해하게 된다. 그래서 강사라는 직업을 너무나 감사하게 생각한다. 어디서 이렇게 세상을 보는 시각을 갖게 해주겠는가?

강사라는 직업을 갖고 싶다고 누군가가 말해올 때, 나는 기탄없이 해보라고 한다. 짧은 시간에 깊고 넓은 삶을 통찰하게 해준다. 그 경험은 인생을 50~60년 열심히 산 사람보다 더 많은 것을 알게 한다. CS 강사도 좋고 레크리에이션 강사도 좋고 어떤 분야도 좋다. 하다 보면 레크리에이션 강사나 HRD 분야나 다 비슷해진다. 분야가 다를 뿐이지 교육의 로직이나 흐름은 비슷하다. 그래서 한 분야를 섭렵하면 다른 분야도 금방 잘하는 것이 강사라는 직업이다.

이렇게 세상을 보면서 알게 된 것은 어떤 삶이 가장 가치 있고 어떤 선택이 내 인생에 가장 의미 있는지 알게 된다는 것이다. 그 답이 내 가슴속에서 힘이 나게 해주고 강의를 통해 타인에게 통찰력을 길

러줄 수 있다. 함께 Win-Win 하면서 삶의 질이 높아진다. 나를 사랑한다는 것, 내 삶의 주인이 된다는 것은 이런 게 아닌가 생각한다.

새로워진다는 것

강사로 살다 보면 초반에는 강의를 숙지하고 강의력에 대한 노력이 필요하다. 그 벽을 넘고 잘하기 시작하면 즐기게 된다. 그러다 보면 나도 놀라고 남들도 놀라는 대단한 멘트가 쏟아진다. 마치 연예인들의 유행어가 생기는 것처럼 강사도 나만의 인생 멘트가 생긴다. 하지만 인기가 좋고 잘하는 그 시기가 지나면 매너리즘이 오기 시작한다. 이때 강사를 그만두는 경우가 많이 생긴다.

매너리즘이 오는 이유는 스스로 새로움이 사라져 그렇다. 늘 하는 강의가 비슷한 내용 같고, 예전처럼 특별하게 대단한 인생 멘트도 없는 것처럼 느껴진다. 잘했던 자신의 강의에 갇히기 때문이다. 강사를 하면서 처음에는 세상을 넓게 보기 시작한다. 넓게 보는 시각이 생기면 처음에는 새롭다가 시간이 지나면 별거 없어 보이게 된다. 특히 대단한 곳에서 강의하고 좋은 평가를 받다 보면 더 그렇다.

하지만 매너리즘이 올 때 강사는 깊은 내공의 변화가 시작된다. 더 깊이 통찰하고 고민해야 한다. 그러다 보면 어느 순간 내면에서 '아하! 이런 의미구나' 하는 자각들이 일어난다. 이 자각들이 연결되고 지혜가 생기기 시작한다. 세상을 더 넓고 깊이 보게 되고 똑같은 것들도 새롭게 느껴지고 와닿는다. 깊이가 더하게 되면 교육 평점을 떠나서 사람들 마음속에 더 의미 있는 변화를 주도록 내공이 극대화가 된다.

유튜브에서 백종원 씨를 보면 라면을 너무 맛있게 요리해서 먹는다. 그걸 보다가 먹고 싶은 욕구를 꾹꾹 참다가 결국 끓여서 먹게 된다. 라면은 수도 없이 끓여봤고 먹어도 봤다. 백종원 씨도 똑같다. 그런데 왜 새롭게 와닿을까? 그것은 똑같은 요리에 새로운 자각이 더해져서 그렇다. 유명한 셰프들은 재료의 상태, 칼질, 물 온도 하나하나 신경을 써서 요리한다. 시식하는 사람은 눈이 번쩍 뜨일 정도로 맛있다고 한다. 똑같은 요리라도 아마추어와 다르게 그 순간만큼은 새롭게 창조하듯이 하기 때문이다. 그것이 새로움을 있게 해주는 '깊이'다.

아마추어 강사와 프로 강사의 차이도 여기서 생긴다. 요즘도 교육을 개발하고 강의를 하면서 넓고 깊게 과정을 설계한다. 강의하는 것은 어렵지 않다. 하지만 늘 새로워지는 것이 제일 어렵다. 거기에는 강사의 영혼을 태워서 만든 교육이어야 되기 때문이다. 항상 교육을 기획할 때는 이렇게 저렇게 하면 되겠다고 단순하게 생각한다. 하지만 막상 자료를 수집하고 PPT를 만들고, 거기에 맞는 영상과 음악을 찾아서 1차 완성을 하고 나면 마음이 불편하다. 너무 많은 내용, 평범한 임팩트, 밋밋한 마무리가 새롭게 느껴지지 않기 때문이다. 하지만 잠시 휴직기를 가지고 다시 보면 확실하게 잘한 것과 수정하면 될 것들이 보인다. 그렇게 2차, 3차 완성을 하게 되면 교육은 새롭고 의미 있는 생명력을 갖게 된다. 이때 교육을 개발하는 맛이 생기고, 빨리 강의해서 자신을 증명해 보는 설렘을 갖게 된다.

75세 중견기업 기술 이사님

어떤 강의든 교육 중에 한 분에서 두 분 정도 기억에 남는 분들이 있다. 어떤 분들은 잘 반응해 주고, 대답해 주셔서 그렇다. 또 어떤 분들은 강의가 끝나고 감사하다고 말해준다. 강사는 이 순간 반응해 주고 대화를 요청하시는 분들이 너무나 고맙다. 그분들 덕분에 새로운 강의의 소스도 얻게 되고, 좋은 아이디어도 생기게 되기 때문이다.

그런 분 중에서 아직도 기억에 남는 분이 있다. 스마트 기기 액정을 만드는 한 중견기업의 기술 이사님이다. 그때 연세가 75세이신데 60대 초반처럼 보여서 깜짝 놀랐다. 힐링과 건강 쪽의 강의를 하다 보니, 한 중견기업에서 임원의 자기관리를 하기 위해서 스트레스 관리와 건강 관련 컨설팅을 요청해서 1년 동안 진행한 적이 있다. 직접 방문해서 이사님들의 유연성, 근력, 근지구력을 측정했고, 신체 균형과 컨디션 상태를 분석하고 각자의 상황에 맞는 프로그램으로 코칭을 해드렸다. 그날은 푸시업으로 전신 근력을 측정하는데 연세가 제일 많다는 기술 이사님이 푸시업을 제일 많이 했다. 나이가 75세인데 푸시업을 75개를 했는데 모두가 깜짝 놀랐다. 어떻게 그 연세에 그만큼 하실 수 있는지 물어봤다. 원래는 40대 중반에 몸이 안 좋았다고 한다. 그래서 건강을 위해 시작했는데 그때 결심이 '내 나이만큼만 하자'였다고 한다. 그때부터 지금까지 꾸준히 해서 현재 나이인 75개를 했던 것이다.

그 모습을 보면서 건강과 힐링을 하는 강사로서 깊은 감명을 받았고, '내가 75세가 되면 저렇게 될 수 있을까?'라는 질문을 던지게 되었다. 나이가 들어도 항상 몸도 마음도 새롭게 나아가는 기술 이사님이 아직도 내게 깊이 남아있다. 그리고 늘 새롭게 자신을 만들기 위해서 나아가고 있다.

내 문제를 해결했던 삶이 교육의 문제를 해결하다

1일이나 2일 과정을 강의하러 출장을 가면 전국의 좋은 곳은 다 가본다. 이럴 때는 강사라는 직업이 너무나 좋다. 개인적으로 가보지 못한 곳도 가보고 리조트나 호텔, 연수원도 다양하게 갔다. 강의도 하고 좋은 곳도 가는데 거기에 강사료까지 받으니 참 감사하다.

그것보다 더 좋은 것은 세상을 더 넓게 보고 체험할 수 있다는 거다. 수많은 직업군에 있는 사람을 만나고 어떻게 사는지 알게 된다. 연봉을 1~50억 버는 사람들은 어떤지, 재벌 2세는 어떤 모습인지, 다양한 직군의 사람들은 어떤 삶을 사는지 알 수 있다. 직업뿐만 아니다. 차상위계층과 가장 어려운 삶을 사는 사람까지 다 만난다. 정부의 정책이 어떻게 지자체까지 전달되고 운영되는지도 보인다.

스펙트럼이 넓은 세상을 만나다 보면 내 삶의 방향이 보인다. 마치 비행기에서 지리를 보면 내가 있는 위치를 알고 어디를 가야 할지 아는 것처럼 세상 속의 내가 보인다. 그렇게 알고 싶던 인생의 궁금증이 사라지고 답도 보이게 된다. 어떤 선택이 가장 의미 있는지, 가치 있는 삶은 어떤 방향인지 알게 된다. 삶을 깊게 통찰하게 되고 그것으로 인생이라는 여행을 잘하게 된다. 정말 여행을 잘하면서 삶을 누릴 수 있다.

마음에 있는 답을 찾으려면 이것만 한 것이 없다

여행을 가는 이유를 물어보면 사람들은 이렇게 대답한다. '관광지의 건축물과 역사를 보고 싶어서', '그곳의 경치가 너무 좋아서', '거기서만 먹고 즐길 수 있는 것들이 있어서', '그곳에 가면 그냥 좋을 것 같아서'라고 한다.

하지만 더 많이 여행해 보면 내 삶을 돌아보게 해준다. 다른 나라와 사람들의 사는 모습을 보게 되고, 내가 사는 삶과 견주어 보게 되는 것이다. 그렇게 자각하기 시작하면 '내 인생은 어디로 흘러가는가?', '나는 잘살고 있는 것인가?'를 묻게 된다. 내가 어디에서 어디로 흘러가는지 인생의 방향이 보인다. 마치 내비게이션이 자동으로 검색하고 안내하는 것처럼 된다. 그렇게 돌아본 내 경험들이 큰 깨달음을 준다. 역사가 쓰이고 있는 시대가 보이고 인류의 모습이 느껴진다. 이제는 인생을 어떻게 여행해야 하는지 알게 되고, 삶에 대한 대부분의 문제가 사라진다. 여행이 내 삶을 바라보고 답을 찾는 과정인 것처럼, 강사라는 일은 사람들 속에서 답을 찾고, 답을 주는 교육을 한다.

세상을 넓게 경험하고 깊이 있는 삶을 원한다면 반드시 강사의 일을 해보길 권한다. 직업 강사도 좋고, 재능 기부하는 강사도 좋다. 세상에 가치 있는 것을 전달하는 삶을 시작하면 자신의 내면이 풍성하게 채워진다. 짧은 시간에 많은 경험을 쌓고, 삶에 대한 나만의 답을 찾고 싶다면 해보라. 나이는 중요하지 않다. 나이가 적다면 적은 만큼 많은 것을 자각한다. 나이가 많다면 그만큼의 깊은 통찰을 경험하고 그것을 바탕으로 내공을 발휘하는 강의를 할 수 있을 것이다. 나이가 적당하다면 삶의 전환점을 찾게 된다고 확신한다. 절대 후회 없는 삶을 찾을 거라고 믿어 의심치 않는다.

어쩌다 일타강사의 행복 바이러스

나는 돌머리다. 나 자신이 더 잘 안다. 뒤돌아서면 까먹는다. 그래서 일찌감치 영어와 수학은 포기했다. 어렸을 때 연탄가스를 3번이나 먹고 죽다 살아서일까? 군대 가서는 60명 선임 병사들의 이름을 일주일 동안 다 못 외워 동기 중 제일 많이 혼났다. 이름과 고유명사를 외우는 것은 내게 정말 고통스러운 일이다.

초등학교 6학년 때 〈가훈 경진대회〉가 열려 숙제로 가훈을 하나씩 내야만 했다. 부모님은 모두 두메산골에서 일제 강점기를 힘겹게 산 분들이라 배움이 짧아 가훈 따윈 없었다. 아버지는 나에게 가훈을 지어보라 하셨다. 친구들은 부모님들이 만들어 준 '가화만사성'이니 '성실' '정직' '화목' 등 읽기 힘든 한문 액자들을 폼나게 제출했다.

안 낼 수도 없고 하여 스케치북에 '믿음과 사랑으로 웃으면서 살아가자'라고 써서 냈다. 그런데 별거 아닌 그게 선정되어 전교생 앞에서 대상을 받게 되었다. 돌머리가 얼떨결에 한 건 하면서 공감 능력과 무궁무진한 '창의력의 문'이 열리기 시작했다.

조대수

조대수 ●●●

○ 삼성화재 인물상 3회 수상(단장으로 퇴임)
○ 화법연구소 대표
○ (주)백년멘토 대표 및 강사
○ 세종경영연구원 원장
○ 유튜브 '대수굿TV' 운영
○ 밴드 '조대수 공감·소통(조공소)' 운영
○ 네이버 인물 등재
○ 백년멘토서점(e-book) 운영
○ 「멘탈케어 도구상자55」

이메일 dsds703@naver.com
연락처 010-5232-7849
유튜브 대수굿TV

'너무 어려워 재미없어, 좀 더 쉽고 재미있게 할 순 없니?'

　중·고등학생 때 수업 시간에 잘 졸았다. 대부분의 암기 과목들이 어렵고 지루하기만 하여 엉뚱한 상상에 빠져 있거나 자주 졸곤 했다. 그런데 유독 이병대 선생님의 국어 시간 만큼은 잡념이 없는 초몰입 상태가 되었다. 재미난 유머로 가볍게 풀어나가는 선생님의 수업에 반한 것이다. 재미있으면 집중도 되고, 따라 하게 되면서 내 것이 되는 신비한 경험을 하였다. 마침 인근 절에서 불교학생회 활동을 하면서 국어 선생님에게 배운 유머를 후배들에게 매주 사용할 기회가 있었고, 그렇게 따라 한 아무 말 대잔치가 지금의 나를 만든 토대가 되었다.

　대학을 졸업하고 삼성화재에 입사했다. 첫 발령지인 법인영업부서에서 직접 현장을 뛰며 기업보험 세일즈를 밑바닥부터 배웠다. 어떻게 하면 경비실에서 잡상인 취급을 안 당하는지, 어떻게 해야 담당자와 대등한 입장에서 거래하는지를 몸으로 부딪히며 배웠다. 8년간 법인영업 후 과장이 되었을 때, 꼭 도전해 보고 싶었던 보험회사의 꽃이라는 지점장을 지원하여 보험설계사 40여 명의 지점장이 되었다.

매일 아침마다 진행되는 정보미팅은 공포의 시간이기도 하지만 엄청난 기회이기도 했다. 무심히 출근해서 앉아 있는 직원들에게 30분 내로 새로운 영혼과 열정을 불어넣어야 했다. 안 나오거나 지각하는 직원들까지 일찍 나오게 하고 싶었다. 그래서 고민 끝에 3가지를 기본 바탕으로 버무려 정보 미팅을 운영했다.

첫째, 먼저 웃음을 줄 것! 둘째, 감동을 줄 것! 셋째, 그날 당장 사용할 무기를 줄 것! 웃음과 감동은 반드시 그들과 공감할 만한 것이어야 한다. 재미만 있으면 유익함이 없다고 한다. 유익함만 있으면 지겹다고 한다. 그래서 재미와 유익함을 항상 같이 준비했다. '참여하는 정보미팅을 만들 것! 어제와 같지 않을 것!' 등의 추가 레시피로 드디어 맛집이 되었다. 이것을 철학으로 한 지점장 8년간의 정보 미팅 경험은 나를 방송국 PD 수준으로 성장시켰다.

지점장을 총 3곳에서 했는데 가는 곳마다 3년 차가 되면 직원들이 100명으로 늘어났다. '어떻게 하면 100명이나 되는 사람들과 모두 소통할 수 있을까?' 하여 새로 실천한 것이 아침 편지였다. 1시간 일찍 출근하여 전 직원들에게 메일을 보내는 것이다. 이 역시 어제 일에 대한 칭찬과 용기를 주는 글, 그리고 웃음을 주는 내용으로만 만들었다. 일을 잘하든, 못하든 모두 소중하다. 소외된 직원을 만들고 싶지 않아 시작하였고 메일로 진솔한 속 이야기를 개별적으로 주고받으며 모두와 소통할 수 있었다.

결국 가문의 영광인 '창립기념일 인물상'을 3번이나 받으며 단장이 되었다. 그러나 단장의 일은 지점 관리이다 보니 대면 미팅의 기회가 사라졌다. 그래서 7시 새벽 학습팀 '골드키 클럽'을 모집했다. 법인영업의 세일즈 스킬을 배우고 싶은 사람들을 직접 코칭하며 사람들과 소통하고 싶었다. 이것을 하게 된 동기는 어렵게 설명하는 노무사나 세무사 강의 때문이었다. 나 역시 교육생으로서 듣다 보면 어느새 같이 졸고 있다. 고등학교 때 어려워서 집중 못했던 내가 다시 나타난 것이다.

'다들 금쪽 같은 시간을 내서 참석했는데 어렵게 가르치면 어떻게 알아들을까?' 하며 마음속에 불만이 일었다. 나는 원래부터 돌머리이고 주부 사원들은 아이들 낳느라고 여러 번 마취당해 깜빡깜빡하는데 '너는 노무사, 세무사니까 알아듣지? 우리는 뒤돌아서면 까먹어.' 라는 생각이 절로 들었다. 그러나 내가 강사들을 바꿀 수는 없다. 산과 바위는 안 변한다. 토끼와 다람쥐는 산과 바위를 보며 계속 속상해하지 않는다. 그럼 내가 바뀌면 되지 싶었다. 어려운 노무, 산재, 세금 절감, 법인 운영, 상속세 절감 등과 연계된 화재보험, 단체보험, CEO 보장보험, 상속 플랜 보험들을 재미난 스토리텔링과 유머로 하나둘씩 풀어내기 시작했다.

노무문제: 노동자 무시해서 생기는 문제

세금: 세빠지게 벌어서 금방 뺏기는 것

상속세: 상당히 속상한 세금의 줄임말

주휴수당: 주말에 쉬는데 수당을 주네

가지급금: 사장님에게 가짜로 지급한 금액

가수금: 사장님에게 가짜로 수금한 돈 등

어느새 20년 근속, 보험 일에 회의가 느껴지기 시작했다. 숨 막히는 압박감과 반복되는 일상이 무료해질 즈음, 거래 제조업체로부터 임원 스카우트 제의를 받아 과감히 퇴사했다. 또 다른 인생 1막 2장을 도전하기로 한 것이다. 그래도 최소 2달은 휴식하고 출근하기로 했다.

퇴사 후 1주일 정도 지나자 직전에 모신 이상경 본부장님에게 전화가 왔다. 뭐 하냐고 묻길래 새 회사 가기 전 유럽 여행을 가려고 한다 했더니, 여행 가기 전에 쉽고 재미있게 가르치는 법인영업 달란트를 지점장들에게 전파 좀 하고 가라고 한다. 이제는 직원이 아니므로 강사료까지 줄 수 있으니 럭셔리한 여행 경비도 마련할 겸 재능 기부하라는 말씀에 못 이겨 얼떨결에 연수원 강단에서 공식적인 첫 강의를 하게 되었다.

이런 계기로 우연히 시작한 강의는 기대 이상 반응으로 전국에서 요청이 이어졌고 결국 그 회사도 여행도 못 가고 지금 8년째 스케줄 바쁜 강사가 되어 있다. 강의는 이미 내가 그동안 수없이 해 온 일이고 누구보다도 재미나게 할 자신이 있었기에 재미와 실용을 중심으로 한 강의 사업은 1막 2장 인생 항로의 새로운 방향키를 자연스럽게 잡을 수 있게 해 주었다.

재미없으면 강의가 아니다

나만의 뚜렷한 강의 철학은 '재미없으면 강의가 아니다' 와 '강의는 실적이다' 이다. 김병지 골키퍼의 '내 뒤에 골 없다' 라는 말처럼 '내 강의에 조는 사람 없다' 가 기본 철학이다. 5분을 넘기지 않고 계속 빵빵 터지도록 모든 것을 기획한다. 그것도 강의 주제와 연관된 이야기로 스토리텔링을 해야 공감도 웃음도 터져 나온다.

'리더십이나 직업관을 꼭 갖게 만드는 인문학 강의'는 가는 곳마다 직원을 100명으로 만든 나만의 경험과 상담 스킬 노하우가 담겨 있다. 깨달음, 힐링, 감동을 동반한 눈물 나는 찡한 스토리로 구성되어 있다. 요즘 사람들은 돈이라는 이유만으로 일하고 싶어 하지 않는다. 행복까지 느끼며 일하고 싶은 것을 알기에 입맛에 딱 맞는 '힐링! 맛집!' 특강으로 준비하였다.

5년 전 '아무리 쉽게 가르쳐도 법인영업은 어려워요' 하는 법인영업 교육생들의 의견을 받아들여 외우지 않고 보면서 쉽게 설명할 수 있는 '5종의 CEO 상담카드'를 만들어 특허 출원했다. QR 코드로 영상까지 장착한 'CEO 상담 카드 사용법' 특강은 〈노무관리, 산재대비, 세금절감, 법인플랜, 상속플랜〉을 영업자가 주도하며 리드할 수 있도록 만들었고 현장에서 고액 체결이라는 엄청난 결과로 이어지고 있다. 상담카드에 담긴 내용은 CEO들이 꼭 알아야 하는 A~Z까지 체계적으로 담겨 있는 어프로치 카드다.

나는 청중을 웃게 만드는 강사

대상은 일반인, 세일즈맨, CEO, 간부사원, 정치인 등 다양하다. 대상이 누구든 항상 그들의 입장에서 생각하고 준비하면 실패할 수가 없다. '초짜도 소득 5배 늘리는 비법 강의'가 가장 많이 벌어지는 곳은 손. 생보 보험회사의 연수원이나 각 지역에 있는 사옥 교육장이다. 보험사와 교회 그리고 다단계 회사의 공통점은 교육이다. 반복적인 교육을 통해 확신을 갖게 하는 만큼 성장한다. 그러므로 보험회사 출신이며 현장의 성공 경험이 많은 나는 누구보다도 가슴에 와닿는 실전 강연을 하고 있다.

주요 강의 내용은 팀장, 지점장 등 관리자의 리더십 특강이나 법인영업특강, 그리고 리쿠르팅 발대식과 직업 설명회이다. 그리고 1~2년 차 신인들의 세일즈스킬, 소득 2~3배 올리는 노하우 시스템 장착이다. 강의는 2~3시간 분량인데, 3시간 이상이면 실전 실습과 One-Point 레슨도 가능하다. '사업자 법인시장 고수되기' 특강은 3~8시간으로 이루어진다.

이 강의는 화재보험/배상책임 활용 개척하기/CEO가 꼭 알아야 하는 노무, 산재, 세금, 법인전환 정관변경, 상속세 절감 등 내용이 많다. 그것들을 누구나 모두 할 수 있게끔 쉽고 재밌게 만들었다. 요즘은 독립 대리점들도 많아 전국 각 지사의 요청으로 법인영업 세일즈 능력을 한두 단계 업그레이드 해주고 있다.

또한 대형병원, 일반 기업체, 각 대학의 CEO 최고 경영자과정, 라이온스, 지자체 군의원 등이 대상이다. 강의 시간은 2시간 분량으로 행복한 인간관계, 리더십, 조직관리, 상담심리 등이다. 삼성 어린이병원 의료진들과 직원들을 상대로 힐링 특강을 다수 진행했고 현재 김포대학교 최고경영자 과정 CEO들을 대상으로 기수마다 출강하고 있다. 한번은 내 강의 진행 후, 다음 강사가 유명한 TV 개그작가 신상훈 대표였는데 지방 출장에서 일찍 올라와 내 강의를 듣더니 한마디 한 것을 잊을 수가 없다. "그렇게 웃기고 가면 다음 순서인 나는 어떡합니까?"라며 최고의 칭찬으로 나를 인정을 해 주었다.

코로나 직전에는 강원도 군의원들을 대상으로 강연을 한 적이 있었는데 각 지역 군의원들이 본인 지역 이장님들에게도 들려주고 싶다고 했으나 코로나로 아쉽게 무산되기도 했다. 지금은 정치인들과 일반인들을 대상으로 한 '모던라이프를 위한 멘탈 케어 도구상자 사용법'과 '유머 능력이 리더십이다' 라는 강연을 하고 있다.

베트남 출신 팀장 세일즈우먼

22년 9월 말 ○○생명에서 강의할 때, 맨 앞줄에 앉아서 강의를 듣던 눈이 유독 반짝반짝한 남다른 느낌의 교육생을 보았다. 한국인이 아니었다. 쉬는 시간에 조심스레 물어보았다. 12년 전 베트남 신부로 한국에 시집온 이주민이었다. 30대 초반의 앳돼 보이는 외모였지만, 5시간 동안 누구보다도 열심히 듣고 갔다. 그리고 열흘 후 문자가 왔다. 10월 첫 주 마감 결과 압도적인 실적으로 지점에서 1등을 했다고 자랑하며 덕분에 감사하다고 했다.

개천절 연휴가 있는 3일 동안 매일 나와서 녹음한 5시간짜리 내 강의를 반복하여 들으며 팀원들과 같이 엄청난 성과를 낸 것이었다. 그동안은 베트남 근로자들을 상대로 3~10만 원짜리 작은 보험을 계약했었는데 내 강의 중 상속 플랜을 듣고 확신이 생겨 베트남에 두고 온 자녀들을 위해 고보장의 사망보험금과 고액의 월납 보험료를 제안하며 큰 성과를 냈다고 한다. 그래서 건당 50만 원의 고액보험을 여러 건 받기 시작하여 소액 다 건이 아닌 고액 다 건으로 이젠 100만 원짜리 보험도 척척 받게 되어 소득이 급상승했다며 정말 고맙다는 것이었다.

팀장님은 한국에서 일하다가 사고로 무슨 일이 생기면 고국에 두고 온 어린 자녀들에게 보험금을 물려주고 싶은 모성 본능 자극과 아무런 사고가 없더라도 나중에 환급률 100%가 넘는 목돈을 만들어 갈 수 있는 상품으로 공감을 잘한 것이다. 부자들을 상대로 한 상속 플랜을 가르쳤는데 그 베트남 팀장은 개인 근로자들을 상대로 한 상속 플랜을 기발한 창의력으로 만들어 낸 것이다.

한국어로 된 보험 판매 자격시험에 합격하는 것도 대단한 일인데, 강의 일정을 알려달라고 하여 주말에도 쉬지 않고 먼 거리를 찾아와 주말 특강을 경청하는 자그마한 베트남 팀장의 커다란 코리안 드림을 볼 수 있어 보람이 컸다. 그가 모델이 되어 많은 베트남 여성들이 팀원으로 들어오고 있다고 한다. 외국인이 타국인 대한민국에서 이렇게 당당히 성장하며 잘 해내는 모습을 가까이서 보니 한편으론 '나도 더 열심히 해야지' 하고 정신이 번쩍 든다.

타인과 나에게 희망과 용기, 구체적인 방법을 제시하는 보람 있는 일

사람은 핸드폰 배터리와 같다는 생각이 든다. 아침에는 100% 완충으로 시작하지만, 하루를 살기 위해 에너지를 쓰다 보면 배터리 용량은 점점 줄어든다. 잠들기 전에는 방전 직전이다. 푹 자고 나면 다시 충전되어 하루를 살아간다. 그렇지만 세상 풍파에 지치거나 나이를 먹을수록 점점 7~80%만 충전되기 마련이다. 푹 자고 나도 개운하지 않은 느낌이 그런 경우이다. 비슷한 연령대 친구들 이야기를 들으며 공감이 가면서도 '나는 아닌데'라며 반박하기도 한다.

강의 전날부터 나는 이미 내일 만날 교육생들로 인해 가슴이 설레기 시작한다. 강의를 위해 준비하는 과정이 힘들기는커녕 장시간 앉아 있어도 마냥 즐겁기만 하다. 내 스토리를 들으며 행복해할 모습을 떠올리면 더 몰입되고 더 깊이 빠져든다. 대학교 3학년 시절, 어머니는 사북중학교를 마친 막냇동생을 나에게 보냈다. 권투에 재능이 있어 대도시로 나와 체육고등학교를 진학해야 했던 동생은 고학하는 나에게 큰 부담이었다. 방과 후 평범한 아르바이트를 해서는 예체능계를 뒷바라지할 수가 없었던 것이다.

그래서 선택한 것이 새벽 4시부터 일하는 우유배달이었다. 유독 눈이 많이 온 어느 해, 달동네를 배달하는 일은 사고의 연속이었고 너무 힘겨웠다. 그런데도 척척 잘 해냈다. 나중에 생각해 보니 나 혼자였으면 절대 못 해낼 일이었다. 아들처럼 키워야 하는 막냇동생이 있었기에 엄청난 에너지로 당당히 해낼 수 있었다. 결국, 내가 동생을 키운 것이 아니라 거꾸로 동생이 나를 강하게 키운 것이다.

　마찬가지로 강의는 절대 강사 혼자 하는 쇼가 아니다. 청중과 공감하지 못하면 쉽게 버려지는 것이 강사다. 사전 질문을 통해 파악된 시간, 인원, 나이, 남녀 비율, 경력, 목적 등 정보를 바탕으로 기승전결을 만들어 내야 한다. 재미있게 문을 열어 먼저 호감을 갖게 하고, 그날의 목적에 맞게 진행할 때, 비로소 오늘 정말 잘 왔다 생각을 하게 된다. 교육생들과 같이 참여한다는 생각으로 진행한다면 준비하는 순간부터 마치는 순간까지 한 몸처럼 소통하고 힐링하게 된다. 연극배우가 그 맛에 무대에 오르는 것처럼….

　나는 요즘 강의하며 강사 초년 시절처럼 바쁘게 휘돌아 치지 않는다. 처음에는 하루에 2~3개씩 하고 다녔는데, 어느 순간 '뭐 하는 거지?' 라는 생각이 들었다. 무리한 일정으로 인한 과속과 졸음운전 같은 아찔한 경험은 물론이고, 목과 무릎이 점점 아파졌다. '행복 하려고 시작한 인생 1막 2장 강사 일을 왜 이리도 힘들게 하고 있나?' 라는 생각이 들었다. 그래서 하루에 1개만 하기로 했다. 그러자 강의 질도 좋아지고 내 몸도 견뎌냈다. 지방을 간 김에 그곳 맛집도 들러 보고, 유명한 곳도 가 보기로 했다. 남들은 일부러 시간과 돈을 들여 이곳까지 놀러 오는데, 나는 '돈까지 벌며 왔지 않은가?' 며 동기들도 만나고 여행하듯 다니니 이보다 더 행복한 직업이 어디 있을까 싶다.

자기관리(체력, 시간 안배, 수면시간) 그리고 일 욕심

말을 많이 하는 강사라는 직업은 체력 소모가 심하다. 말하는 만큼 몸에서 기가 빠져나간다. 그래서 말 톤에 대한 강약 조절부터 배워야 한다. 마이크가 없는 곳을 만나면 그날은 지옥이다. 강의를 마치고 진행자들과 식사하는 시간도 버거울 때가 있다. 그러므로 장거리의 경우는 전날 미리 간다. 다음날 전투를 앞두고 미리 가서 잠복하며 준비하는 군인처럼 말이다.

삼성에서 20년 근무하며 생긴 직업병인 '일하지 않으면 불안한 증상' 때문에 항상 무언가를 하는 무서운 습관, 뇌는 쉼 없이 생각하고 상상의 나래를 펼치며 잠을 못 자고 있다. 그로 인한 수면 부족은 언제나 나를 힘들게 한다. 생각의 스위치가 있다면 끄고 잠들고 싶을 때가 많다. 하지만 끊임없이 떠오르는 생각들을 어쩌란 말인가? 아마도 이 병은 죽어야 나을 듯싶다.

생활 패턴이 일정하지 않은 강사는 건강 관리가 쉽지 않다. 그래서 선택한 것이 매일 팔굽혀펴기 100회, 다리 올리기 100개를 하고 있다. 그러나 이 정도로 체력을 향상시킬 수는 없다. 한번은 대학원 수업 중 만난 여교수님이 계시는데, 이분은 70세가 다 되었는데 자세도 바르고 목소리도 우렁차다. 건강관리 비결을 물었더니 오래 전부터 수영을 했다고 한다. 수영장에 가면 자유형으로 쉬지 않고 40바퀴를 도는데 35분 정도 걸린다고 한다. 매우 빠른 속도다. 그날부터 나는 수영을 배우기로 결심했고 실천 중이다. 목표는 1년 내 20바퀴를 도는 것이다. 그러면 교수님처럼 건강을 잘 관리할 수 있으리라 믿는다.

강사 일은 멈췄던 나의 심장을 다시 쿵쿵 뛰게 해 준다

출퇴근 시간이 정해져 있는 직장 생활은 콘크리트같이 단단한 위계질서 속에서 나만의 창의력을 발휘하기가 쉽지 않다. 20년 직장 생활을 마치고 우연히 강사가 되는 기회를 얻어 다시 한번 힘찬 심장 소리를 듣게 되었다. 나는 비록 똑똑하지는 않지만 굼벵이도 구르는 재주가 있듯이 누구나 잘하는 분야가 있다. 긍정 마인드와 지혜로운 상상력으로 '저걸 어떻게 하면 재미있게 표현할까?'를 깊이 연구하고 시연하며 지축을 울리는 열차처럼 쿵쿵 내달렸다.

어려운 사업자 시장 고수되기 특강은 스토리텔링의 다양한 꽃들이 만개하여 폭발한다. 시어머니 화법, 인제 학다방 요양 사건, 부자 제비 가난한 제비, 범죄 도시 장첸 화법 등의 강의를 마치면 교육생들이 다가와 이런 인사말을 건네준다. 그래서 더욱 애쓰게 된다.

"보험회사 30년 근무 중 가장 가슴에 와닿은 강의였어요."

"3시간이 30분 같아요."

"동료들이 하와이 시상 갔는데, 하나도 안 부러워요. 오늘 참석하길 정말 잘했어요."

"졸지 않고 강의 듣기는 처음이에요."

"관둘까 했는데, 다시 열심히 할래요."

같이 공감하고 웃으며 성장하는 것이 좋다. 생각을 실천하는 강사라는 직업은 혼자가 아닌, 수강생과 공감하며 동반 성장하는 일이다. 한 번의 인생이지만 여러 인생을 사는 희열을 느낄 수 있고 언제나 설레고 있다. 강사라는 직업은 두려움도 선물이고 두근거림과 설렘도 선물이다. 두근거림과 설렘이 있는 한 나는 계속 행복해하며 성장하는 기쁨을 누릴 것이다.

'깨달음은 생존의 경지' 내가 즐거운 행복한 강사 인생

노년에도 소일거리가 있고 꾸준한 소득이 있어야 더 나은 삶이 된다. 어떤 일을 하던 선한 영향력으로 다른 사람에게 희망과 행복을 주는 그런 삶이 되었으면 좋겠다. 특히 강사라는 직업은 즐겁게 일하고 공부하며 많은 것을 베풀 수 있는 멋진 직업이다.

내가 생각하는 좋은 강사 되는 법 7가지는 이러하다.
① 자기관리: 운동, 취미, 스트레스 해소 등으로 자신의 몸과 마음을 잘 관리하자.
② 배움과 창조 : 다른 강사의 책이나 강연을 나만의 창의력으로 연결하자.
③ 눈높이 : 해 주고 싶은 내용을 속사포처럼 쏟아내지 말고 관객의 반응과 속도에 맞추자.
④ 프로의식 : 방금 부부 싸움을 하고 왔어도 마이크를 잡으면 흥으로 압도하자.
⑤ 사명감 : '저걸 강의라고 해?' 라는 소리를 듣게 되면 그만둔다는 생각으로 임하자.
⑥ 자신감 : '내 강의를 듣는 사람은 정말 행운이야' 라고 생각이 들 정도로 준비하자.
⑦ 시간관리: 강의 시간, 고객과의 약속, 상담 약속 시 시간을 철저히 지키는 자세를 갖추자.

"너 와서 강의 좀 해." 했던 직전 상사의 한마디를 기회로 받아들여 비로소 울타리 밖으로 나와 새로운 세상을 맘껏 나는 새가 되었다. 사람은 누군가의 영향으로 인해 인생이 바뀐다. 앞으로도 계속 공부를 하며 누군가의 인생에 영향력을 줄 수 있는 강사로 살고 싶다. 강사라면 다른 사람들의 '아집'과 '영혼'에 영향을 줄 수 있어야 한다. 길은 모두에게 열려 있지만, 모두의 길이 되지는 않는다. 가고 싶은 길이 있다면 지금 당장 나서야 한다.

유명해지는 건 내가 선택할 수 없지만 좀 더 특별해지는 건 내가 선택하고 시도할 수 있다. 세상의 모든 꽃이 자기만의 아름다움이 있듯이 그렇게 나만의 독특한 달란트와 창의력으로 계속 설레고 특별해지는 길을 걸어 나갔으면 한다.

나는 수많은 커리어 피보팅에서 살아남은 본 투 비 리더십 강연자다
- 남이 깨주면 어차피 계란 프라이다 -

싱가포르에서 고등학교 졸업 후 영국에서 약 10년간 거주하며 의대를 졸업하고 유전 역학 석사를 졸업하였습니다. 국내에 들어와 글로벌 제약사에서 10년 가까이 근무하며 현재 한국노바티스에서 심혈관계, 심부전, 신경과학, 유전자 치료 총괄인 Medical Director 상무 이사로 근무하고 있습니다. 국내 최초 유전자 치료제인 졸겐스마를 출시하였습니다. 긴 유학 기간 안 해본 일 없이 해도 끝나지 않는 빈곤이 싫어 성공만을 위해 질주하는 삶을 살다 가족이 생겨 삶 가운데 나눔을 향해 열심히 살아가고 있습니다. 현재 전문분야는 인공지능 (AL/ML), 유전 의학 (Genomic Medicine), 정밀 의학 (Precision Medicine), 혁신 의학 (Innovative Medicine)입니다. 지금은 이전의 저와 같이 힘든 터널을 지나는 세대들에게 조금이라도 힘이 되고 싶어 몇 년째 해외 학회 및 국내외 기관들에서 전문 강연자로서 학술적, 전문적 자기개발, 리더십 강의를 진행하고 있습니다.

이대욱

이대욱 ●●●

- 영국 Warwick 의대 졸업 (MbChB Medicine & Surgery)
- 영국 Sheffield 대학 Medical Research Unit (MSC) 유전 역학 석사 졸업
- 영국 Sheffield 대학 Bio-Medical Science (BSc) 졸업
- 글로벌 헬스케어 기업 의학부 상무 이사
- 4번의 Major 커리어 Pivoting 경험
- Rare Disease International (RDI) WHO virtual consultation 자문위원
- 미국 Harris College of Business (Faulkner University) MBA
- 민간 1급 바리스타, 심리 상담가, 심리 분석가 자격증
- Rock 밴드 출신 베이스 기타 연주자
- 사랑받는 남편이자 남매 쌍둥이의 자랑스러운 아버지

이메일 Nzielnziel1@gmail.com
링크드인 https://www.linkedin.com/in/dae-wook-lee-375b52150/

대기업 은퇴 임원분들의 고요한 가르침

　대기업에 오래 근무하다 보면 듣게 되는 말들이 있다. 가령 "언제까지 이 일을 할 수 있을까?"라든지 "그래도 오래 버티다 보면 다 잘 될 거야." 등의 자조적으로 자신을 위로하는 듯한 말들을 자주 듣는다. 한때 해외 출장에서 중요한 클라이언트와의 미팅을 앞두고 급하게 식사하던 중 나 자신 또한 진지하게 이 생각이 들었던 적이 있다. 과연 그러할까? 나는 이전에 친하게 뵙고 있던 외국계 기업 전무님을 통해 어렵게 경력을 차곡차곡 쌓아 높은 직급으로 승진한 지 6개월 되던 48살에 뇌출혈로 허망하게 세상을 떠나게 된 경쟁사 영업 부사장 또는 평생 일만 하다 은퇴 이후 빠르게 인지 기능의 퇴화가 진행된 임원분들의 이야기를 흔하게 들을 수 있다.

　이전 캐나다인 외국인 상사는 2022년 추석 전날 내게 이런 이야기를 해주었다. 8년 전 본인이 스위스에서 외국계 본사 의학부 총괄로 근무하던 시절, 어느 날 자신의 몸이 아프게 되면 2주 안에 지금 앉아 있는 본인의 의자에는 새로운 사람이 앉게 될 것이라고, 그리고 자신의 이름은 동료들에게 매우 빠르게 잊힐 거라 이야기를 하며, 한 번뿐인 삶에서만큼은 후회 없이 자신이 하고 싶은 일을 하는 것이 중요하다 말했다. 그렇다. 장자의 호접몽과 같이 한 번 사는 삶은 정말 너무나 짧다. 깨고 나서 흐느껴 울던 제자의 "내가 나비인지, 나비가 나였는지 모르겠습니다."라는 공허한 외침처럼 항상 새로운 도전적 상황마다 맨땅에 몸으로 부딪쳐 빠드득빠드득 소리 내던 강인한 내 육체 또한 이제 조금씩 그 시간의 축척 속에 허물어져 가는 것을 느낀다.

지금 생각하면 어떻게 지난 20년의 가파른 협곡을 지나오며 짧은 시간 내 인생 전체를 송두리째 바꿀 결정들이 이루어졌는지 모르겠다. 나는 자타 공인 모든 학생이 피해 다녔던 소위 해외 비행 청소년에서 하루 2~3시간 수면을 취하며 국제 고등교육 과정을 2년 내 마쳤던 10대 시절을 보냈다. 또한 영국 항상 10위 권에 랭킹 되는 워릭 의대에서 그해 졸업생 정원 121명 중 나를 포함한 단 3명만이 동양인이었던 영국의 극소수의 동양권 의료전문가에서 성공이 보장된 대학병원의 기회를 거절하고 국내에 들어와 입대했던 2010년대 초반을 지나왔다. 전역 후 막연히 장밋빛 미래가 그려질 거라 생각했던, 주머니 안에는 단지 4만 3천 원이 들어있던 오래된 오피스텔 원룸의 한 우물 안 개구리의 의도치 않은 수많은 커리어 피보팅이 지금의 나를 만들었다.

전문직의 종말. 이제는 수많은 의사들이 벤처 캐피탈리스트와 기업으로 많은 이동을 하고 있다. 나도 병원의 나이 지긋한 지인들이나 까마득한 후배들에게 외국계 제약사에 어떻게 입사할 수 있는지를 상담 요청을 받는 경우가 많은데, 나는 사실 그 방법이 내 선택이 아니었기 때문에 뭐라고 말하기가 참 부끄러울 때가 있다. 전문직의 경계가 무너진다는 것은 이제는 한 우물로 성공하는 것은 극소수 일부의 특권이자 단지 확률에 좌우된다는 것을 말한다. 다시 말해 힘들게 공부하고 학습하여 유수한 대학에서 석박사로 졸업한 것이 더 이상 본인의 장래를 보장해 주지 않는다는 것을 말한다. 심지어 어렵게 임상 전임의를 마치고 개업한 수많은 동료 및 의사 친구들이 3~5년 짧은 시간 안에 다시 페이 닥터로 돌아가는 것을 너무나 많이 보았다. 예전 기업에 있을 때 assistant를 채용하던 중 이력서에 박사 학위(PhD)가 있는 분들을 보며 약간의 쓸쓸함을 느끼며 후보자들을 검토한 적이 있다. 불편한 진실은 항상 아프게 느껴질 수 있다. 세상은 이제는 더 당연한 것이 없다. 현재의 시대가 바라는 중요한 것은 더 이상 본인의 학력이 아닌 학위를 '증명' 해낼 수 있는 실력이 있어야 함을 보여준다.

성공을 위한 방향의 확률을 조금이라도 높이는 리더십

수많은 사람이 아직도 열심히 노력하면 성공할 것으로 생각한다. 대부분의 리더십 책에서 기술하고 있듯이 그 생각은 반은 맞고 반은 틀리다. 왜 틀릴까? 의미 없는 방향으로의 노력은 정말 '삽질'에 불과하기 때문이다. 직설적이라 불편할 수도 있으나 의심할 여지가 없는 사실이다. 시험 범위 밖의 문제집을 혼자 열심히 공부하고 있는 학생을 생각해 보라. 올바른 방향성의 세팅과 그에 맞는 노력만이 성공에 이르는 확률을 조금이라도 더 높일 수 있다. 나는 이제 커리어를 시작하는 사회 초년생 또는 직장에서 방향성을 잃은 채 하루하루 무의미하게 보내는 분들에게 현업에서의 경험과 강연을 통해 조금이라도 그 성공의 확률을 높이는 역할을 하고 있다.

알버트 아인슈타인은 '만약 당신이 어제와 동일한 삶을 살면서 내일이 다르기를 바란다면 그건 정신병 초기 증세이다' 라는 현실적인 조언을 남겼다. 많은 사람이 일상 속의 변화를 만들어내는 것이 불편하고 힘들기는 하지만 지금의 일상에 안주하는 것으로 오늘의 또 다른 잘못된 습관을 만들어내고 있다. 그리고 그 습관은 고착화되어 그 사람의 삶의 모습이 되고 더 나아가 그 사람 자신이 된다. 나는 그러한 반복되는 삶의 모습들 가운데 새로운 변화를 통해 자신의 현재 껍데기를 깨고 나와 또 다른 자신을 만들어내고 싶은 사람들에게 부족하나마 경험을 통한 도움을 주고 싶어 리더십 강연을 시작하게 되었다.

석유 재벌 존 데이비슨 록펠러(John Davison Rockfeller)는 '위대한 것으로 향하기 위해 좋은 것을 포기하는 걸 두려워하지 마라' 라는 말을 남겼다. 10대의 나는 싱가포르에서 좋은 사람들과 안정된 생활을 포기하고 영국이라는 나라에서의 새로운 도전을 시작했다. 당시까지만 해도 마이너리티라 말하는 한국이 아시아 어디에 있는지조차 생소한 시대에 수많은 자소서 및 파트타임 소개서를 작성해 영국 길거리마다 붙이다가 펍 술집 주인들에게 멱살을 잡히기도 했다. 대학원 시절에는 가장 저렴한 1층 방에서조차 전기와 물이 끊겨 낮에는 햇빛을 보며 논문을 읽고, 밤에는 집 옆 가로등 불빛을 등불 삼아 의학 통계를 연구했다. 그야말로 주경야독을 몸소 몇 년간 생활했으니 인종차별, 가난, 배고픔, 구별, 언어적, 문화적 차이 등은 항상 내게는 당연한 일상이었다.

심지어는 마치 영화의 한 장면처럼 저녁 9시 반 영국 서민층이 이용하는 마트에서 조금이라도 물건을 싸게 사기 위해 문 닫기 직전 유통기한이 얼마 남지 않은 음식을 서둘러 주워 담다 같은 목적을 가진 노숙자분과 공교롭게 매대 위 같은 상품을 잡고 힘 싸움을 한 적이 있다. 게다가 모든 슬픈 영화의 소재처럼 그 힘 싸움에서 당시 나는 힘으로도 그 노숙자분에게 지고 말았다. 그때 어린아이처럼 손을 이마에 대고 엉엉 울며 내가 왜 낯선 나라에서 이렇게 생활해야 하는지 자문하며 터덜터덜 집으로 걸어오던 내 모습이 사진처럼 각인된 기억이 아직도 생생하다.

한때는 의대 본과를 다니며 파트타임 직업만 5개를 동시에 진행한 적이 있었는데 모르는 일은 배워서라도 결과를 만들어 한 푼이라도 더 벌기 위해 아등바등 발버둥 치며 최선을 다했다. 그렇게 독했고 그렇게 간절했다. 그 당시 내 하루 일과는 새벽 4시 반에 일어나 남이 쓰지 않는 물건들을 모아 영국 새벽시장인 Car Boots에 팔고, 영국 가정집에 해동검도를 가르치기 위해 오래된 목검 두 개를 들고 오전 8시 반까지 영국인 학생을 가르친 후 빨갛게 상기된 얼굴로 의대 수업을 들어가 오후까지 과일과 마른 피자 한 조각으로 끼니를 때우던 지저분한 동양인 고학생이었다.

한때 오랜만에 다른 도시에 사는 형님을 뵈러 간 적이 있었는데 당시 나는 의대 본과 마지막 학년으로 기억한다. 병원 실습이 늦게 끝나 병원에서 몇 년째 늘 입고 다니던 옷을 그대로 입고 서둘러 기차역에 도착하였는데, 그때 나를 처음 본 형님의 말이 지금도 잊히지 않는다. "어? 대욱아, 너 왜 내 고등학교 교복을 입고 있어?" 그 형님이 못 입는 옷들을 정리할 때 감사하게 무료로 물려받은 옷 중 하나는 형님의 고등학교 교복이었다. 그 형님은 항상 나를 걱정하며 가장 많이 이 말을 했던 걸로 기억한다. "대욱아, 이런 거 먹으면 병 걸려. 형 일 끝나면 같이 밥 먹자." 나는 이런 고마운 사람들과 아내의 헌신적인 내조와 가족의 수많은 도움으로 영국이라는 낯선 나라에서 10년 가까이 살며 의대를 졸업할 수 있었다. 그때의 경험이 자양분이 되었는지 나는 지금도 새로운 사람을 만나고 격의 없이 대화하는 것이 어렵지 않다. 그래서인지 늦게 군대를 들어갔을 때도 병영 부조리가 남아있음에도 불구하고 지금의 아내를 자주 못 보는 것 외에는 특별히 군 생활이 아주 힘들지는 않았다.

이제 나는 스위스 외국계 대기업 제약사의 상무 이사이자 번듯한 내 집과 차, 그리고 사랑하는 가족들이 있다. 지금은 언제든 먹고 싶은 음식을 마음껏 사 먹을 수 있다는 것이 가끔 사무치게 행복하게 느껴질 때가 있다. 내 리더십 강의는 그때의 경험을 바탕으로 사회에 첫발을 내디디는 사회 초년생들이 처음 작성하는 자소서가 누구보다 군계일학으로 채택될 수 있는 작성법에서부터 내가 먼저 질리도록 경험한 면접의 기술(나는 심지어 이를 '면접의 미학'이라 부른다), 직장 내 아무도 가르쳐주지 않는 사회생활의 노하우, 새로운 커리어를 준비하게 만드는 커리어 피보팅, 또한 현대사회에서 가장 필요한 내 적성과 역량을 개발하여 해외로 승진할 수 있는 기회를 만드는 법까지 다양한 범위에 걸쳐 온라인과 오프라인 강의를 진행하고 있다.

메릴 린치의 창업자, 찰스 메릴(Charles E. Merrill)은 '우리가 사는 한 우리 모두는 서로의 삶에 의미를 부여합니다'라는 말을 했다. 나 또한 누군가의 삶에 의미를 부여하는 일에 기여하고 싶어 열과 성의를 다해 내 강의를 전달한다. 누가 알겠는가. 어쩌면 정말 도움이 필요한 누군가에게는 오늘의 작은 스파크가 일생을 바꿀 놀라운 변화를 만들어 낼 수 있을지도.

20대 사회 초년생부터 50대 경력 직장인까지
지식이 가르쳐주지 않는 것들

나는 대중 앞에 서는 것을 좋아했다. 해외 고교 시절 Rock band 인 'Halcyon'에서 베이스 기타로 음악을 시작했을 때부터 그저 스테이지에서 사람들의 시선을 받는 자체를 좋아했던 것 같다. 대학병원에서 외국계 제약사로 커리어를 전환하며 대중 앞에 설 기회가 많아졌고 여전히 나는 대중 앞에 서는 것을 좋아한다는 사실을 수많은 기업 사내 발표를 진행하며 더 확실하게 알게 되었다. 그러나 단순히 좋아한다는 것만으로는 기술적인 부분의 한계를 느끼게 되는 순간들 또한 있었다.

당시 나는 애플의 전 CEO 스티브 발머(Steve Valmer)처럼 대중을 휘감을 수 있는 카리스마와 알리바바의 마윈과 같은 달변을 배우고 싶었다. 스티븐 R. 샬린 버거의『그들은 어떻게 최고가 되었나』또는 유필화의『승자의 공부』등 내면의 자신감을 고양시키는 좋은 참고서적들이 많았고, 세스 고딘의 베스트 저서인『보랏빛 소가 온다』, 잭 트라우트 & 일 리스의『포지셔닝』과 같은 서적을 통해 브랜딩이 얼마나 강력한 힘을 가지는지 알게 되었다. 권오현 회장의『초격차』는 내 책장의 가장 중간에 자리 잡아 지금도 자주 읽게 되는 책이다. 서적을 읽을 때마다 어떠한 부분이 대중에게 도움이 될 수 있는지 깊이 생각되었고, 그러한 부분에서 현대인들이 자신의 마음을 자유롭게 표현하며 각자의 눈높이에서 이해하기 쉬운 이끌 수 있는 강의를 구상하게 되었다.

흥미롭게도 기존의 직장인들을 위한 프레젠테이션 특강들은 많았지만 의아할 정도로 현업에 구체적으로 적용 가능할 정도의 세부적인 강의를 진행하는 콘텐츠는 많지 않았고, 2016년 사내 의학부 내 인원을 대상으로 프레젠테이션을 잘하는 법에 대한 강의를 진행하게 되었다. 강의 이후 조금씩 더 전문화된 강의에 대한 제안이 많이 들어왔고 이제는 국내를 넘어 해외 국제 학회 및 일반 대중을 대상으로 다양한 강연을 진행하고 있다. 지금도 사내외 수많은 강의를 진행하고 있다. 심지어 국제 신경 학회, 심혈관계 컨퍼런스, 국제 제약 의학 학회에서도 지속적으로 꾸준히 새로운 발표 요청이 있어 첨단 의학의 발전 방향 및 유전 의학 내 새롭게 개발될 신기술들에 대한 다양한 발표를 한 달에 최소 1~2번을 진행하고 있다.

내 강의 중 반드시 예시를 드는 부분 중 하나는 대부분 사람이 무언가 어려운 일을 만나거나 귀찮을 일을 만나면 '아, 몰랑. 나중에 해야지' 라는 말을 자주 한다는 것이다. 하지만 그 '아, 몰랑' 이 쌓여갈수록 그 사람은 실패 또는 성공을 통한 소중한 기회를 잃게 된다. 결국 프랭클린의 말처럼 지금의 나는 '내가 해왔던 일들의 결과' 인 것이다. 누구를 비난할 수도, 세상을 욕할 수도 없는 나 자신이 만든 지금의 나. 그 부분이 오늘 하루를 소중하게 보내게 만들고 건조한 눈을 비비며 생산적인 내일의 자산을 만들고 반드시 해야 할 일을 제시간에 끝낼 수 있게 만든다. 성공에 있어 가장 중요한 것은 바로 지금 '해야 할 일'과 필수적이지는 않지만 '하고 싶은 일'을 구분하여 '해야 할 일'을 우선적으로 실행하는 능력이다.

나는 강의를 함으로써 내가 살아있다는 것을 실감한다

늦은 나이에 병사로 입대를 하였기 때문에 군대에서 내 선임이라는 분들의 나이는 나와 약 10년 가까이 차이가 나는 갓 고등학교를 졸업한 19~20살 친구들이었다. 그 친구 중에서도 배경에 따라 정말 다양한 삶의 모습이 있다는 것을 실감할 때가 많았다. 군대는 '인간 박물관'이라는 말이 있다. 그만큼 수많은 다양한 사람들을 본다는 것인데, 이러한 부분을 통해 내가 살아오지 못한 타인의 삶을 직간접적으로 체험할 수 있다는 즐거움이 있었다.

나 또한 강의를 진행하며 수많은 사람과의 교류를 경험하고 있고 그럴 때마다 '살아있다'는 감정을 느낀다. 이 감정은 영어로 'Lively'라 부르는 생동감 넘치는 삶의 단편과 같은 모습이다. 이는 대화가 단지 상호 정보 교류 이상을 넘어 개별적 의지를 가진 개체로서의 공감 능력을 느끼게 한다. 내게 있어 강의는 단순히 내가 가진 지식을 전달하는 것을 넘어 그 사람의 단편적인 삶의 모습을 함께 공감하며 그 방향에 있어 조금이나마 힘이 되어 줄 수 있는 것이며 그것이 강연에 있어 가장 소중한 부분이라는 것을 다시금 보여주고 있다. 나는 강의를 함으로써 오늘 하루도 내가 살아있다는 것을 실감한다.

가끔 전달한 강의가 분에 넘치는 칭찬을 받았을 때

나는 전문 강연자로서 사실 힘든 점은 특별히 없다. 그러면 선천적으로 이미 잘하고 있는 것 아닌가? 라는 반문이 있을 수 있으나 사실 내 근본적인 성향은 너무나도 내성적이라 혼자 사색하거나 독서 하는 것을 가장 좋아하고 심지어 아주 가끔은 어두운 방에서 조용히 있거나 특정 모임에서 눈에 띄지 않는 것을 선호하는 역설적인 성격이 있다. 지금도 준비되지 않은 상황에서 숨이 턱 막히는 경험을 할 때가 있으니 사실 강의는 본질적인 성향과는 조금 다르다고 생각한다.

가끔은 준비한 강의가 대중에게 예상보다 더 좋은 평가를 받는 감사한 기회들이 있다. 많은 분들이 칭찬해주실 경우, 부끄러울 때가 있다. 그 부끄러움은 더 많은 시간 자료를 찾고 지인과 대화를 나누며 더욱 발전된 형태의 강의를 준비할 수 있는 원동력이 되며, 김성회의 저서 『우리는 강한 리더를 원한다』와 같이 지속적으로 스스로를 더 성찰하여 개발하는 자양분이 된다.

처음으로 10대를 대상으로 특강을 진행하였을 때

오래전 10대 학생들을 대상으로 강의한 적이 있다. 꿈에 대한 강의였는데, 내가 살아온 삶에 대한 부분과 이후 '끝날 때까지 끝이 아니다' 라는 주제로 약 250~300명 정도의 학생들에게 강의한 적이 있었다. 그 초롱초롱한 눈들이란. 재미있게도 끝나고 나서 감사 카드를 받았었는데 삐뚤빼뚤하게 쓰인 그 카드에는 어린 친구들의 진심이 담겨 있었다. 이제 그 친구들은 곧 대학생이 되겠지만 그중 단 몇 명이라도 차가운 사회로 첫발을 내디디기 전 따스한 온기를 느꼈으면 좋겠다는 마음이 있었다.

지금도 매우 좋아하는 말이지만 '우리는 지금 내리는 이 차가운 눈을 막을 힘은 없다. 그렇기에 서로 가까이 붙어 따뜻한 온기를 얻기를 바라네' 라는 이 말처럼 내 시간을 통해 누군가에게 조금의 온기를 나누어줄 수 있다면 충분히 가치가 있을 것이라 생각한다.

전문직의 종말과 직업 간의 경계가 허물어질 때

가끔 나도 내가 이제 정확하게 어떤 직업인으로 살아가는지 정의하기가 힘들 때가 있다. 영국 의대 졸업, 약 14년에 걸친 6개국 동서양 국가에서의 유학과 이민 생활, 임상 통계/ 유전 역학 연구자, 미국 대학 MBA 전공자, 외국계 제약사 의학부 상무 이사, 1급 바리스타, 심리 상담 치료사, 심리 상담 분석가, 베이스 기타 연주자, 적격 엔젤 투자자, 리더십 코치, 국제 학회 강연자 등 다양한 수식어가 있다.

책을 쓰고 매년 해외 학회에 논문을 내고, 새로운 연구 데이터를 발표하고, 글로벌 제약기업에서 의학부 업무를 하며 리더십 강의와 취업 관련 무료 상담을 하며 개인투자자 및 4살 쌍둥이 두 아이의 아빠로 살아가는 삶은 항상 시간의 배분이 필수적이다. 그래도 아직은 머리가 시키는 일보다 심장이 뛰게 하는 일을 하면서 살고 싶다. 또한 이러한 일을 통해 더 많은 사람과 교류하며 지금보다 더 인격의 성숙을 이루는 것을 희망하고 있다.

『권력의 법칙』 시리즈로 유명한 로버트 그린은 '웃는 얼굴 뒤에 강철 주먹을 쥐어라' 라고 한다. 감사하게도 비교적 많지 않은 나이에 대기업 경영 직급을 오래 하다 보니 '계급장 떼고 붙자' 처럼 현재의 직급이나 자리가 아닌 실력에서 정점을 이룬 분들을 많이 보게 된다. 한 개인으로서 지식의 소양 및 교양에 있어 실력으로 붙어도 절대 이

길 수 없는 내면에서부터의 체급의 차이가 느껴지는 마치 괴물과 같은 분들이 지금도 세상에는 무수히 존재한다. 그분들은 모두 내면에 사람을 넘어선 다른 무언가가 있지 않을까 하는 의문을 갖게 하는 특정한 부분이 있다. 그분들과 대면하면 단순히 자신과의 싸움에서 이기는 것이 아니라 그 누군가와 싸우더라도 반드시 이길 수밖에 없는 장군과 같은 정신적인 무장을 경험하게 된다. 그분들은 단순히 '부사장' 또는 '대표' 직급이 없더라도 그 누구에게도 존경받을 수밖에 없는 특별한 리더십이 있다.

그 리더십을 배우고 함께 생활하는 과정에서 누군가에게는 그 소중한 가르침을 흘려보내고 싶어 강의를 시작하게 된 지 몇 년이 지났다. 네이버에 내 이름을 검색하면 이력과 관련 기사들이 나온다. 만약 누군가가 그러한 부분에서 내가 걸어온 삶의 작은 부분에서 대화가 필요하다면 언제든 편하게 서문의 주소로 이메일을 보내 주기 바란다. 언제든 최선을 다해 도움을 드릴 수 있는 방법을 나눌 수 있도록 하겠다.

강사가 되고 싶은 그대에게? 그대여, 나와 같다면

나는 이미 오래전 경제적 자유를 이루고 나서도 300명 이상의 커뮤니티를 만들고 그 안에서 매일 오전 요일 강단을 쓰시는 국내 유수 제약사의 한 대표님을 알고 있다. 그분의 식견은 단순히 깊다는 표현을 넘어, 어디서부터 그 지식이 시작되는지 감히 비견이 안될 만큼 각 분야에서의 전문지식을 두루 섭렵하고 있다. 새벽 2시에 모임을 마치고도 오전 8시에 칼같이 올라오는 새로운 글들과 1년간 한 달에 최소 4~5번의 해외 출장을 진행하면서도 현지 공항에서 따뜻한 음식 한 번에 새롭게 기력을 회복한다는 그분처럼 세상에는 그런 무서운 사람들이 너무나도 많다. 그 부분이 나로 하여금 수많은 커리어 전환 이후 다시 한번 새로운 껍질을 깨고 리더십을 강의하는 본캐 리더십 강연자가 되게 만든 것 같다. 가끔은 이가 딱딱 부딪치도록 온몸에 전율 돋게 하는 그 열정이 지금의 내게도 조금은 남아있기를 바란다.

나는 지금도 가끔은 그 가지 않은 길에 대한 아픔이 있다. 미국으로 건너가 대학병원에서의 전문의 생활을 성공적으로 했다면 지금의 나는 어떤 모습일까를 생각할 때가 있다. 그렇지만 더 힘들게 사회를 일찍 알게 되었던 것은 너무나 다행으로 생각하고 있다. 어차피 남이 깨주는 것은 계란 프라이밖에 되지 않는다. 현재 우리가 사는 세상은 기존 세대가 정의하기 힘들 정도로 수많은 기술적, 경제적으로 트렌디한 변화들이 있는 유일한 시대이다. 최근 '정보 통합학'이라는 흥미로운 주제들이 생겨나고 있는데 이는 AI, ML, ChatGPT와 같이 기존의 정보들을 통해 스스로 학습하고 이를 통해 새로운 가치를 만들어내는 학문을 의미한다. 이러한 세대 속에서 장인의 기술과 같은 고유한 영역에서의 전문화를 이룰 수 있는 것 또한 여전히 시대를 초월한 변하지 않을 장점으로 생각한다. 그러나 자신이 새로운 시대가 찾고 있는 매력적인 지식을 통합적으로 아우를 수 있는 인재라면, 밥 프록터의 저서인 『부의 확신』에 나오는 '통찰'과 '인지'처럼 바라는 것들이 먼저 찾아오지 않을까 싶다. 함께 만들어가고 싶다. 이상과 현실의 융합, 그것이 바로 우리 현대인의 꿈이 아닐까?

나는 그릿으로 10대들의
꿈을 키워주는 러닝메이트다

　나는 수능 성적 일등급보다는 인생 일등급을 만들어 주고 싶은 강사이다. 그래서 '당신은 무슨 강의를 하나요?' 라고 묻는다면, 나는 영어를 통해 아이들이 인생을 배우고 꿈을 향해 나아가는 방법을 가르친다고 말하고 싶다. 그렇다면 누군가는 내게 어떻게 인생을 가르치냐고 반문을 제기할지도 모르겠다.
　인생이라는 단어는 너무나 방대하고 또한 그것을 가르친다는 것은 너무나 애매모호한 일이기 때문이다. 나는 아이 한명 한명에게 관심을 가지고 아이가 원하는 삶을 살 수 있도록 목표 설정과 방향을 제시한다.
　그리고 그 목표에 온전히 도달할 수 있도록 끊임없는 동기부여와 그릿의 힘을 키우려고 노력 중이다. 절대 포기하지 않는 끈기의 힘이 '그릿' 이다. 사실 재능보다 노력보다 더 중요한 것은 그릿의 힘이다. 가난할수록 우리는 내면에서 그릿의 힘을 더 키워야 한다.
　나는 인생이라는 무대에서 아이들이 가지고 있는 재능을 발굴하고 그릿의 힘을 키워 온전한 전문가가 될 수 있도록 영어라는 도구로 인생을 가르친다. 그리고 나는 십대들이 지치지 않도록 그리고 넘어지더라도 다시 뛸 수 있도록 항상 옆에서 함께 뛰어주는 드림 러닝메이트이기도하다. 이와 같은 방식으로 나는 아이들에게 꿈을 심어주는 인생강의를 했고 지금도 하는 중이고 내일도 할 것이다.

이은영

이은영 ●●●

○ 중등교사 2급 정교사 자격증
○ 영어교육석사
○ 호주 퍼스 TESOL 수료
○ 자기 주도학습코칭 상담사 1급
○ 부모교육지도사 1급
○ 경남 김해(장유) 그릿 잉글리시 운영 중 (십대들의 꿈 이루기 프로젝트)

이메일 eylee1006@naver.com
연락처 010-5056-3563
인스타그램 www.instagram.com/gritenglish

생계유지로 우연히 찾아온 나의 직업

어린 시절 우리 집이 얼마나 가난했는지 몰랐다. 내가 가난을 몸소 느끼기 시작했던 것은 대학 시절부터였다. 내가 대학을 다닐 때는 우리나라는 개발도상국이었기 때문에 지금처럼 많은 혜택을 받을 수 없었다. 그리고 나는 언니가 대기업에 다닌다는 이유로 저소득층 가정에 주어지는 모든 혜택에서 제외되었다. 또한 80년대에 태어났던 우리 세대는 아직 남아선호 사상이 짙게 물들어 있었다.

언니는 오빠의 대학 등록금을 대는 것만으로 커다란 부담이었다. 스무 살 무렵 다들 청춘이라는 이름으로 대학 생활을 누리기에 바빴지만, 내게는 어른이 되기 위해 힘듦과 고통을 스스로 극복할 줄 알아야 한다는 것을 느껴야만 했던 시기였다. 그렇다. 생계유지를 위해 내가 할 수 있는 일에는 무조건 문을 두드려야만 했다. 선택의 여지가 없었다. 어느 날 나는 선배의 권유로 과외 일을 하게 되었고, 학비와 생활비를 충당하기 위해 초중고 어학원에 발을 딛게 되었다.

학교가 끝나면 나는 일자리로 바로 뛰어가야 했다. 하지만 파트 타임이라고 해서 절대 대충하지 않았다. 사람은 돈을 받는 그 이상의 일을 해야 인정을 받기 마련이고, 20대에는 돈보다는 많은 경험에 가치를 두라는 내용을 이미 책에서 여러 번 읽었기 때문이다.

그렇게 나는 생계유지를 위해 강사라는 직업에 첫발을 딛게 되었다. 첫발은 이렇게 내딛게 되었지만, 강사란 직업은 많은 매력을 가진 만큼 지금도 나는 이 길을 걷고 있고 앞으로도 계속 걸을 것이다.

인생의 더 큰 기회를 위한 도구인 영어, 우리의 인생 무대는 세계다

나는 십 대들에게 누구도 가르쳐 주지 않는 인생을 강의한다. 그리고 아이들이 그려놓은 인생이라는 무대에서 목표와 방향을 정하고 그들이 온전히 꿈이라는 목적지에 설 때까지 격려하고 응원한다.

내가 아이들에게 가르치는 과목은 영어다. 하지만 나는 바로 눈앞에 있는 성적을 만들어 내기 위해 영어를 가르치는 것이 아니라, 아이들에게 세계라는 무대에서 더 큰 꿈을 키울 수 있도록 돕기 위해서이다. 국제화 시대에 영어는 이제 선택이 아닌 필수가 되어버린 지 오래다. 영어의 중요성은 누구나 다 알고 있다.

아이들은 영어를 배우기 위해서 적지 않은 시간과 돈을 소비한다. 그럼에도 불구하고 영어 실력은 그 투자된 돈과 시간에 비례하지 않는다는 것이 안타까울 뿐이다. 그것은 온전히 아이들의 잘못이라고 할 수 없다. 아이들에게 영어를 가르치는 교육기관의 1차 목표는 바로 눈앞에 보이는 성적 만들기가 우선시 되기 때문이다. 그래서 많은 곳에서는 영어에 대한 흥미보다는 기계적인 반복 학습으로 학습 동기를 떨어뜨리고, 장기적으로 보았을 때는 이 모든 것이 돈과 시간 낭비에 불과하게 된다.

나 역시 대한민국의 입시 강사 중 한 명이다. 하지만 나는 스스로 입시 강사로 불리는 것을 꺼린다. 왜냐하면 입시 강사라고 하면 사람들은 '1등급을 몇 명 만들었냐? 어느 대학에 몇 명 보냈냐?' 는 질문으로 아이들의 성적과 대학이 강사들의 실력이라고 생각하기 때문이다. 나는 아이들에게 1등급을 만들어주고 서울대를 보내는 성적 제조기가 아니다. 생긴 것도 다 다르듯이 우리 아이들이 가지고 있는 재능과 흥미 또한 다들 제각각이다.

나는 아이들과 오랫동안 만남을 이어간다. 그리고 그 아이들이 가지고 있는 재능과 성격을 파악해 전공을 선택하고, 그 전공을 토대로 자신이 잘할 수 있고, 잘하고 싶어 하는 영역에서 최고가 되기까지 끊임없이 대화하고 이끌어 나간다. 우리는 영어라는 언어로 만남이 시작되었지만, 아이들과 함께 그 만남의 인연으로 꿈을 꾸고 인생이라는 무대에서 난 멘토로서 21세기 미래의 인재를 양성한다. 목표가 없는 삶은 도착지가 없는 끝없는 벌판을 혼자서 걷는 것과도 같다.

그래서 더욱더 나는 아이들에게 목표와 꿈을 권하고 싶다. 사실 우리네 부모들도 좋은 성적만을 고집할 뿐 아이들이 진정 무엇을 좋아하고, 무엇을 잘할 수 있을지에 대해서는 충분히 고려하지 않는다. 아무리 좋은 직업이라도 그 아이가 가지고 있는 성격에 맞지 않다면, 사이즈에 맞지 않는 옷을 입은 것처럼 불편하고 어색하다. 우리네 부모들은 대학을 졸업하면 아이들이 원하는 기업에서 원하는 삶을 살고 있을 거라 믿고 아낌없이 지원한다.

목표가 있고 꿈을 이루고자 하는 의지가 있는 아이라면 그 투자를 당연히 받아야 한다. 그리고 그 투자에 마땅한 가치를 창출할 수 있을 만큼 배움을 갈구해야 한다. 하지만 반대로 부모의 욕심 때문에 혹은 다른 친구들이 가니까 따라서 학원에 등원하는 것이라면, 나는 언제든지 아이들에게 멈추고 다시 등원의 필요성을 스스로 찾고 열정과 끈기로 도착지에 도착할 자신이 있을 때 다시 오라고 한다.

내 수업을 듣지 않는다고 해서 그 아이와 나의 인연이 끝나는 게 아니다. 그리고 그 아이의 꿈에 영어라는 도구가 필요하지 않는다면 굳이 수업을 더 이상 이어갈 필요는 전혀 없다. 나는 십 대의 아이들에게 목표와 꿈을 정하고, 그 목적지까지 온전히 갈 수 있도록 끊임없는 동기부여와 지지로 십 대들의 인생 리더가 되어 준다. 다만 내가 다른 사람보다 더 많이 가지고 있는 경험이 아이들에게 동기부여가 되고, 내가 공부했던 영어라는 과목이 아이들의 꿈을 이루는데 하나의 수단이 되어서 말이다.

초. 중. 고등학교 학생들

나는 아이들이 하교 후 비로소 나만의 아카데미에서 강의한다. 지금은 아카데미라고 부를 만큼의 장소가 있다. 하지만 처음 내가 혼자서 이 일을 시작했을 때, 나는 언니의 신혼집 방 한 칸을 빌릴 정도로 아주 협소한 곳에서 수많은 아이들의 꿈을 이뤄냈다. 그 작은 공간에서 아이들은 단기 혹은 장기 목표를 정하고 하나씩 이뤄내는 연습을 계속했다. 2020년 코로나로 인해 강의 장소를 오프라인이 아닌 온라인으로 옮겨야 할 때가 있었다. 처음 너무나도 익숙해 있었던 오프라인이 아닌 온라인 수업으로 인해 나는 노트북뿐 아니라, 텝을 사용하면서 변화해 가는 교육시스템에 온라인 수업을 확대하고 싶은 욕심이 생겼다.

하지만 내가 하고 싶은 교육은 입시 영어가 아니다. 아이들의 성향을 분석하고 학생들과 좋은 습관을 공유하면서 꿈을 찾아주는 강의다. 좋은 대학에 보내는 것이 목표인 어머니라면 무슨 헛소리냐고 클레임을 걸지 모르겠지만, 내 아이가 진정 행복한 삶을 살기를 원하거나 혹은 진로를 정하지 못해 헤매고 있다면 한 번쯤 귀 기울여 들어 볼 만할 것이다.

나는 아이들에게 입시 영어라는 일차원적인 목표를 세우지만, 그 목표를 이루기 위해 학생 어머니 사이의 다리 역할을 한다. 나는 아이들에게 왜 우리가 공부해야 하는지 늘 강조한다. 그리고 어머님들에게는 같은 부모로서 공감대를 형성한다. 하지만 나의 교육 방식을 반대하는 부모님도 분명히 있을 것이다. 영어 학원이라고 보냈는데 왜 강사가 영어 수업이 아닌 다른 것을 논하느냐 라고 비판을 할지 모르겠지만, 지난 10년간 나는 학생들을 대상으로 실험 아닌 실험을 해왔다. 바로 눈앞에 보이는 결과만을 위해 영어교육에 몰입하는 아이들보다 왜 공부를 해야 하고 내가 서야 하는 곳이 어디인지 목표

설정을 완료한 아이들이 훨씬 더 빨리 자신들의 꿈을 이뤄낸다는 것을 알 수 있었다. 그리고 그 실험의 결과가 나를 다른 입시 강사와 차별화시켜준 계기가 되었다.

나는 가끔 아이들에게 '너희는 여기 무엇을 위해 오니?' 라고 묻는다. 그럼 아이들은 인생을 배우기 위해 온다고 말한다. 대한민국의 십 대라면 누구나 한 번쯤은 사교육을 받아본 경험이 있다. 그리고 고등학생쯤 되면 선생님의 수업 퀄리티 그리고 좋은 학원과 나쁜 학원을 구별 할 수 있을 만큼은 똑똑해진다. 아이들에게 많은 변화를 불러일으키기 위해서는 단기간은 절대 불가능하다.

생계유지와 직결되는 어른들도 현실에 안주하며 새로운 도전과 계속성을 힘들어하는데 아직 사회의 쓴맛을 느껴보지 못한 십 대들은 오죽하겠는가? 그래서 어리면 어릴수록 공부에 대한 필요성 그리고 이유를 계속해서 일러줘야 한다.

나는 아이들을 통해 성장하고 아이들은 나를 통해 변화한다. 우리는 이렇게 서로가 서로에게 많은 영향력을 준다. 우리의 인연을 맺게 해준 것은 영어라는 언어이지만 사실 그 인연으로 세월이 흐를수록 인생의 동반자가 되어간다. 어느덧 아이들은 제각기 자신들의 영역에서 전문가가 되어 있고, 나는 가끔 그 아이들에게 전문적인 부분을 배운다.

　내가 영어를 가르치는 곳은 우리 학원이지만 내가 인생을 가르치는 곳은 대부분 온라인이다. 우리 아이들이 살아가는 가정환경 그리고 성격까지 너무나도 천차만별한 만큼 아이들은 제각기 다른 고민과 힘겨움에 빠진다. 하지만 아이들은 온전히 기댈 때가 없다. 학교도 가정도 아이들의 고민과 힘겨움보다는 성적에만 관심을 두기 때문이다.
　하지만 아이들의 마음이 편하지 않을 때 걱정과 두려움으로 가득 찰 때 가장 길을 잃기가 쉽다. 그들은 혼자 길을 걷다 힘들고 외로울 때면 언제나 나의 카톡을 두드린다. 나는 언제든지 그들의 편에 선다. 그리고 그들의 입장에서 할 수 있는 최선의 길을 제시한다.

　내가 알고 있는 배경지식 그리고 경험으로 나는 그들에게 언제나 해결책이 아닌 공감과 위로를 대신한다. 걱정과 두려움이 해소되었을 때 그들은 진정 공부에 몰두할 수 있고 자신의 목표대로 길을 걸어 나갈 수 있기 때문이다.

십대들의 꿈과 열정 그리고 1%의 성공을 이끌다

　강사는 매일 수많은 사람을 만나고 그 사람들 속에서 스스로 성장하는 직업이라고 생각한다. 대한민국 직장의 반 이상이 무한한 경쟁 속에서 살아남기 위해 거칠고 힘든 싸움을 해야 하겠지만, 그래도 우리의 아이들에게는 서로를 이해하고 성장시키려는 순수함이 있다. 십 대는 많은 시행착오를 겪는다. 하루의 변화와 노력이 바로 눈앞에 보이지 않기 때문에 십 대들의 의지는 그리 오래가지 못한다.

　우리는 우리의 교육 대상인 십 대들에게 미래를 교육한다. 우리의 과거가 그들이 살고 있는 오늘이기에 우리는 아이들에게 많은 변화를 이끌어낼 수 있다. 강사라는 직업은 절대 현실에 안주할 수 없다. 한 시간의 수업을 위해서 한 시간 이상의 수업 준비가 필요하며 수업 후에도 나의 수업에 대한 스스로 피드백이 필요하다. 만일 입시 강사들이 좋은 학벌을 믿고 수업 준비를 등한시한다면 그 강사는 결코 오래 갈 수 없다. 강사는 늘 1%의 성장을 이끌어내야만 한다.

　나 스스로가 많은 배움에 갈증을 느낀다. 이 치열한 경쟁 사회에서 나와 다른 강사들과의 차별화를 이끌어내기 위해 늘 배움을 갈구하고 실행한다. 사실 대학을 졸업하면 더 이상의 공부는 하지 않아도 된다고 생각할지 모르겠으나 우리의 인생에서 공부는 평생 해야 한다. 그 목표와 방법이 다를 뿐이다. 나의 소비자층이 십 대인 만큼 나는 항상 그들의 사고와 유행에 발을 담근다. 그래서인지 다른 사람들보다 좀 더 젊게 사는 듯하다.

내가 가진 능력으로 수많은 아이들의 미래에 선한 영향력을 미칠 수 있다는 것이 강사의 가장 큰 매력인 것 같다. 우리 아이들의 최종 목표는 수능이라는 대한민국의 입시 시험이다. 나는 아이들의 인생을 대신 살아 줄 수는 없다. 하지만 끝까지 포기하지 않고 완주할 수 있도록 십 대의 마지막 날까지 함께 뛰어주는 러닝메이트가 되어 줄 뿐이다. 아이들에게 이를 계기로 더 길고 긴 인생에서 혼자 뛰는 것이 가능하게 하는 밑거름이 되어 준다. 십 대들의 꿈과 열정 그리고 1% 성장을 이끌어내는 리더, 그것이 강사의 장점이라 할 수 있겠다.

다른 역할을 할 수 있는 시간이 부족하다
(엄마, 아내, 딸 그리고 친구)

사실 결혼하기 전, 나는 강사라는 직업에 힘든 점을 찾지 못했다. 하지만 결혼하고 엄마가 되면서 가끔은 죄책감이 들 만큼 내 아이와 함께 할 수 있는 시간이 현저히 부족하다. 우리 같은 입시 강사들은 일하는 시간이 남들과 반대이다.

우리는 아이들이 학교에서 수업을 마친 뒤 비로소 수업을 시작하기 때문에 남들이 퇴근할 때 우리는 반대로 출근길에 오르게 된다. 그래서 육아는 남편과 바톤 터치를 해야지만 오로지 가능하다. 오후 5시 남편은 퇴근하고 나는 출근을 한다. 아이가 어렸을 때 우리 부부는 주말 부부였다. 그래서 육아는 나도 남편도 아닌 엄마가 주 양육자가 되어 아이를 키워주셨다. 하지만 아이가 학교 갈 나이가 되고 스스로 엄마를 찾기 시작하면서 남편은 이직을 선택했고 우리 가족은 그때서야 비로소 하나의 보금자리에 둥지를 틀 수 있었다.

하지만 같은 집에 사는 것이 무색할 정도로 우리는 함께할 수 있는 시간이 없었다. 딸아이는 내가 출근할 때면 언제 오냐는 질문을 어김없이 매일 했고, 하고 싶은 것이 있냐고 물을 때면 온 가족이 함께 모여 밥을 먹는 것이라고 말했다. 다른 가정에서는 지극히 평범한 일상들이 나의 딸로 태어나서 내 직업이 입시 강사라서 우리 아이도 희생하고 있구나라는 생각에 가끔은 미안하고 안타깝다.

나는 대학 때부터 지금까지 항상 일 순위가 일이었다. 그래서 그 흔한 MT며 축제, 졸업식까지도 한 번도 참석하지 못했다. 그런 일들을 이유로 수업을 휴강한다는 것 자체가 내게는 사치라고 생각했다. 그리고 내 시간이 소중한 만큼 학생들의 시간도 소중하기에 정해진 시간표는 거의 변경해 본 적이 없다. 한번은 딸아이가 차에 손이 치여서 수술을 해야 할 때가 있었다. 하지만 나는 수업이 있었고 개인적인 사정으로 인해 수업을 변경할 수 없다고 판단했다. 그래서 남편에게 휴가를 받아 달라고 요청을 하고 수술실에는 내가 아닌 남편을 들여다 보냈다. 수술이 끝나고 마취에서 깬 딸아이가 아파서 그런지 엄마를 찾는다고 전화가 왔다. 나는 마지막 수업을 끝내고 학생들을 귀가시킨 후 운전대를 잡고 병원으로 향했다. 새벽 1시쯤이었는데 아이는 고통 때문인지 잠을 청하지 못하고 계속 엄마를 찾고 있었다. 아이를 보는 순간 벌컥 눈물이 폭포처럼 쏟아져 나왔고, 내가 이 모든 것을 누구를 위해 하고 있는가 생각이 들었다. 그날 우리 아이의 손에 꽂힌 링거를 보면서 나는 마음속으로 외쳤다.

　비록 엄마가 많은 시간을 함께 해주지 못하지만, 절대 아이에게 가난을 물려주지 않을 것이라고 다짐했다. 가난했기 때문에 힘들었던 나의 이십 대를 되돌아보며 아이를 등에 업고 복도 끝과 끝을 몇십 번이나 왔다 갔다 하면서 속삭였다. 분명 그때 나는 학부모님들에게 양해를 구할 수도 있었다. 이 상황을 이해해 주지 못할 부모님은 단 한 명도 없었을 것이다. 그럼에도 불구하고 내 일을 우선시 했던 것은, 그때의 수업 시간표는 쉴 틈 없이 너무 빡빡했고 이 수업을 다른 시간으로 변경한다는 것 자체가 너무 무리였기 때문이다. 그땐 내게 나를 대신해서 일해줄 수 있는 사람이 아무도 없었다. 오로지 나 혼자서 수많은 학교 학생들의 자료를 만들고, 수업 준비를 하고, 채점, 청소, 차량 운행과 같은 수업 이외의 업무까지 오로지 나 혼자서 처리해야 했기 때문이다.

입시 강사는 이렇게 일하는 시간이 반대로 움직여야 하기에 가족들과 함께 할 수 있는 시간이 많이 부족하다. 그래서 나는 늘 우리 가족들에게 감사하고 미안하다. 입시 강사는 2학기에는 연속되는 시험 스케줄을 소화해 내기 때문에 쉬는 날이 거의 없다. 그리고 아이들의 성적이 곧 우리들의 성적이기 때문에 그때에는 아이들 못지않게 수면 부족과 스트레스에 나를 가둬야 한다. 쉬지 않고 달리다 보면 피로와 스트레스가 누적되고 행여나 아이들의 성적이 저조할 때면 항상 나의 노력이 부족했나 라는 죄책감에 또 한 번 나를 가둔다.

내게 특별하지 않은 제자는 단 한 명도 없다

모든 학생들은 특별하다. 왜냐하면 내가 만난 아이들은 나의 꿈이었고, 나를 지금 여기 서게 해준 원동력이었기 때문이다. 나와의 인연을 맺기 전 아이들은 거의 꿈이 없었다. 그래서 길을 헤맬 때가 많앉다. 아이들은 성적만이 인생의 성공이라 생각한다. 혹은 좋은 대학에 진학하면 성공했다 믿고 그동안의 공부에 대한 보상을 주겠노라고 학업보다는 쾌락에 더 중점을 두다가 뒤늦은 후회를 하기도 한다.

대학은 우리의 인생에 하나의 수단일 뿐 전부가 될 수 없다. 그래서 나는 아이들에게 대학의 레임 밸류보다는 전공을 보라고 한다. 내가 좋아하는 일 그리고 잘하고 싶은 일을 했을 때 비로소 아이들은 성취감을 얻는다. 그리고 그 성취감은 뭔가를 할 수 있다는 용기가 되고 그 용기로 새로운 도전이 시작된다. 나는 아이들의 성격과 관심 분야를 꼼꼼히 살피는 편이다.

길을 헤매는 아이에게 그 관찰을 토대로 학교 또는 전공을 추천하고 직업을 추천한다. 유난히도 밝고 명랑한 아이가 있었다. 이 아이는 어릴 때부터 인생의 주체자가 되어 모든 것을 스스로 개척하는 아이였다. 어느 날 그 아이는 내게 자기는 잘하는 것도 없고 잘하고 싶은 것도 없다며 무엇을 해야 할지 고민이라고 했다. 또래 아이들보다 외모도 사고도 성숙한 아이는 늘 자기보다 나이가 많은 사람들과 대화를 하고 소통하는 것이 더 재미있다고 했다. 아마 이 아이는 인생의 지혜를 엿듣고 싶었던 게 아닐까라는 생각이 들었다.

항상 밝고, 명랑한 그리고 웃는 모습이 너무나 이쁜 아이, 나는 그 아이에게 승무원을 추천했다. 그리고 승무원이 되기 위해 갖추어야 할 조건을 말했다. 암리치(발끝에서 손을 뻗어 닿는 거리), 키, 영어 실력 등 승무원이 되기 위해 항공 서비스 학과를 가려는 친구들이 많지만 사실 항공 서비스 학과 보다 더 폭이 넓은 학과를 추천했다. 우리네 인생이 계획하고 원하는 대로 되면 좋겠지만 사실 그렇지 않다. 그래서 우리는 항상 플랜 B를 만들어 놓아야 한다. 이 친구는 십 년 전 내가 추천했던 승무원이 되어 지금 중동의 한 항공사에서 승무원으로 일을 하고 있다. 내가 비록 여기에서 언급한 제자는 한 명이지만 사실 많은 제자들이 사회의 한 구성원이 되어 대한민국 대기업, 교사, 기자, 의사, 간호사 등 10년 전 내게 이루겠노라고 말했던 그 꿈을 이뤄 지금은 현실이 되어버렸다. 우리 아이들 한명 한명은 그들만의 색깔이 있고 그 색깔이 빛날 수 있도록 나는 선한 영향력을 발휘할 뿐이다.

자아 재발견 그리고 성장

내게 강사란 직업은 나의 가치를 재발견하게 해준 설렘이다. 분명 나를 처음 찾아온 아이들은 나를 영어만 가르치는 입시 강사라고 생각했을 것이다. 하지만 시간이 지날수록 그들은 나의 내면의 의도를 읽게 될 것이고, 함께 하는 시간이 가면 갈수록 그들은 내가 의도하는 방향대로 나아 가고 있다. 변화를 이끌지 못하는 리더는 진정한 리더가 될 수 없다. 모든 일에는 진정성과 열정 그리고 꾸준함은 필수 항목이다. 내게 강사는 길을 헤매고 있는 십 대들에게 방향을 제시하고 그들이 진정 원하는 삶을 살 수 있도록 함께 뛰어주는 러닝메이트이다.

나에게 일터인 이곳이 우리의 십대들에게는 아름다운 추억과 꿈을 위해 혼신의 힘을 다하는 꿈터로 자리잡기 위해 하루 1% 성장을 꿈꾼다. 하루 1%의 성장은 1년에 300%가 넘는 놀라운 발전으로 거듭날 것이며, 끈기와 열정으로 수많은 십 대들의 꿈 이루기 프로젝트를 성공시킬 것이다. 그리고 더 나아 가 제자들과 함께 가난한 나라에 학교를 세워서 교육을 통해 가난에서 벗어날 수 있고 원하는 대로 꿈꾸는 대로 삶을 이끌어 나갈 수 있도록 기회의 장을 마련해주고 싶다.

누군가의 삶에 긍정적 영향력을 발휘하고 싶은 그대들이여

단순히 내가 가지고 있는 전문지식을 전달하는 것에만 그치지 않고 끊임없이 나의 선한 영향력을 발휘하고 스스로 성장에 열정을 다할 수 있는 사람이라면, 강사에 도전해 보라 하고 싶다. 하지만 다른 직업보다 돈을 더 많이 벌고 싶어서라면 잠시 멈춰 다시 생각해주길 바란다. 세상에 공짜는 없다. 연봉이 높은 직업이라면 그만큼의 희생은 반드시 뒤따르게 된다. 하지만 가끔 학생을 돈으로 보는 강사들을 보면서 화가 날 때가 있다. 분명 학생들은 배움을 위해 우리를 찾았음에도 불구하고 회비만 제날짜에 입금되면 아이가 학원을 와서 졸던지, 과제를 수행하지 않았는지, 아이의 학습 향상에는 아무런 관심이 없는 비양심적인 교육자도 있다. 강사는 그 본질을 잊어서는 안 된다.

강사의 본질은 교육이다. 그 교육을 어떻게 효과적으로 할 수 있는지에 대해 끊임없이 연구하고 지속적인 관심을 주어야 한다. 진정한 강사, 아니 진정한 교육자는 우수한 학생을 가르치는 것보다 부족한 아이를 향상시키는 것이 우선시 되어야 한다.

우수한 학생들은 어느 정도의 욕심과 야망이 있다. 그래서 그 어느 누가 리더를 한들 잘할 수밖에 없다. 하지만 부족한 아이들은 그 어느 길로 어떻게 나아 가야 할지를 몰라 우리를 찾는다. 그런데 학습 능력이 떨어진다는 이유로 우리의 관심 빈도가 줄어든다면 그 얼마나 억울한 일인가? 만일 지금 여러분 중에 열정적이고 그 어떤 것을 위해서라도 희생을 감수할 수 있다라는 마음가짐이 있다면, 당신은 강사가 되기에 충분하다. 또한 강사는 사람과 사람이 소통하는 직업인만큼 공감 능력이 뛰어나야 하며 항상 더 좋은 강의를 위해 자기계발에 후발자가 되어서는 안 된다.

어떤 종류의 강사든지 간에 우리는 누군가의 삶의 변화에 선한 영향력을 발휘하기 위해 존재하는 사람들이다. 그 변화에 성취감을 느끼고 내일을 향해 뛰어가는 이유이기도 하다. 스스로가 만들어 놓은 기준에 가까워지기 위해 우리는 늘 새로운 것에 도전한다. 그리고 어제보다 나은 내일을 만들어 낸다. 인생에 있어 황무지에서 길을 열어주고 그 길을 힘들지 않게 같이 뛰어주는 것이 강사의 역할이기도 하다. 어떻게 보면 삶의 길잡이기도 하고 인생이라는 먼 길을 함께 걸어주는 동반자이기도 하다. 당신의 재능과 열정을 누군가의 변화에 불어넣어 주고 싶다면 당신은 이 길에 올라타도 된다. 당신은 분명 멋진 강사가 되기에 충분하다.

나는 꿈 새싹을 틔우는 강사다

1인 기업 교육사업가, 작가, 부모교육 강사, 공감소통 코치
아름답고 즐거운 세상을 함께 이루고 싶어 배워서 나누는 사람

아이들의 성장 시기와 필요한 요건에 맞춰 직업을 바꾸며 끊임없는 성장을 하는 워킹맘이다.
육아와 일, 가정과 나의 꿈 사이에서 수많은 고민을 하게 되는 워킹맘들에게 힘이 되고 싶은 마음으로 공부하고 배워서 아낌없이 나누고 있다.
아이들의 꿈, 어른들의 꿈이 잊히지 않고 다시 싹 틔울 수 있도록 매 순간 용기 내고, 도전하며 한 걸음씩 나아가려 한다.

인생은 즐겁고,
세상은 아름답다!
우리 아이들에게 물려줄 세상은 내가 만든다!

박소영

박소영 ●●●

- ○ 꿈과 희망을 찾아주는 "꿈ing" 대표
- ○ 국가 공인 브레인트레이너
- ○ 심리상담사
- ○ 보육교사
- ○ 방과후 강사
- ○ 부모교육 전문 상담사
- ○ 청소년 멘탈 헬스 인성교육협회 회원
- ○ 인성교육연구원 회원

이메일 soybaby@naver.com
블로그 https://blog.naver.com/soybaby
연락처 010-2035-0928
인스타그램 https://www.instagram.com/kkum.ing_

아이들에게 좋은 세상을 물려주고 싶다

처음부터 강사가 되어야겠다고 생각한 적은 없었다. 나는 꿈이 참 많았고, 많이 바뀌었다. 어릴 때는 막연하게 교수였다. "아이고~ 똘똘하네. 교수하면 되겠다!" 어른들의 말씀을 듣고 교수가 되면 좋은 거구나 생각만 했는데, 청소년 시기를 지나면서 교수보다 사회의 고충을 알리는 신문기자가 되고 싶었다. 그런데 학교 공부보다 사회 공부를 더 좋아하면 쉽지 않다는 것을 알게 되면서 질풍노도의 시기라 하는 청춘을 버라이어티하게 보내게 되었다. 점점 나의 꿈은 '즐거운 세상을 만들고 싶다' 라는 것으로 성장했고, 결혼하면서 '아이들에게 좋은 세상을 물려주고 싶다'로 진화했다. 청소년, 청년 시절에 만났던 좋은 기회들, 좋은 사람들로 인해 나의 꿈은-좋은 세상을 만드는 어른이 되고 싶은- 다행히 시들지 않고, 무럭무럭 자랐다. 그렇게 진화한 나의 꿈, 아이들에게 좋은 세상 물려주기 공부는 본격적으로 시작되었다. 동갑내기 부부인 우리는 아이들에게 어떤 유산을 물려줄 것인지 이야기를 자주 나누었다. 둘 다 가정 형편이 넉넉하지 않은 환경이었고, 특별한 재능이 있거나 돈을 엄청 많이 받는 직업도 아니었기에 우리가 물려줄 것은 '보이지 않는 유산'이라는 확신을 믿음으로 지킬 수 있었다.

결혼 당시 남편은 인천에서 일하며 자취를 하고 있었고 나는 대전에서 일하고 있었다. 대한민국의 가부장적 분위기에 맞춘 것은 아니지만, 내 일은 이동이 가능했고 남편은 본사에서 전국으로 출장을 다니는 관리직이었다. 주말부부를 생각할 수도 있었지만 가족은 함께 살아야 한다는 생각으로 당연하게 내가 근무지를 변경했다.

결혼하면서 바로 아이를 가져서 임산부의 이름표를 달고 인천에서 서울로 출퇴근을 했는데 점점 배가 불러오면서 체력이 지쳐갔다. 남편은 장거리 출장과 많은 업무에 늘 새벽에 나가서 밤늦게 들어왔고 난 연고지도 친구도 없는 곳에서 외로웠지만 그래도 신혼이라는 시기와 곧 예쁜 아이를 만날 거라는 기대에 하루하루 잘 지내왔다.

2012년 가을, 첫째 아이가 태어난 후 나는 4시간 이상 잠을 잔 적이 없었다. 그렇다고 결혼 전이나 임신 기간에도 잠을 많이 잔 것도 아니었다. 산모가 잠도 안 자고 그렇게 공부하면 안 된다는 말도 들을 만큼, 갓난아이가 자는 시간을 노려 작정하고 공부를 했다. 그렇게 육아에 대한 공부, 자기 계발, 동기부여 등 다양한 공부를 하면서 자격증이 하나둘 늘었고, 학창 시절에 부족했던 학점도 채우게 되면서 어느새 주위에서 나를 선생님이라고 부르는 사람들이 많아졌다.

힘든 날도 많았고 울면서 스트레스를 풀기도 하고 울다 잠든 적도 많았지만, 우리 부부의 절대 원칙인 '아이들에게 좋은 세상을 물려주기 위해서 우리가 지혜를 쌓아야 한다.', ' 배운 것을 우리가 현실에서 실천해야 한다.' 이 두 가지를 마음에서 지운 적이 없었다.

실제로 각자 배운 내용을 바로 나의 배우자, 나의 아이들에게 적용하면서 살다 보니 웃지 못할 에피소드도 참 많다. 이런 경험들로 나를 만나는 학부모들에게 이론적인 지식이 아니라 현실적으로 삶에서 바로 적용할 수 있는 해결책을 전하다 보니 나를 신뢰하고 상담을 요청하거나 삶이 변화되는 사람도 많아졌다.

육아, 부모교육, 자기 계발, 동기부여

나는 꿈과 희망을 강의한다. 도대체 무슨 소리야? 하는 사람들도 있겠지만, 말 그대로 내가 만나는 아이들과 학부모들에게 꿈과 희망을 전하는 이야기를 나눈다. 그 형식이 강의일 때도 있고, 코칭일 때도 있고, 상담이 될 때도 있다. 부모교육, 육아나 훈육 상담, 자기 계발 등 상대에게 필요한 내용으로 바뀐다.

나의 직업은 여러 번 바뀌었다. 정확하게는 내가 바꾸었다. 대학을 졸업하면서부터 한 직장에 오래 근속하지 않았다. 아이들이 좋아서 보육교사나 복지관 간사로 근무하고 가족들 건강에 관심이 있을 땐 건강 관련된 기관에서 상담하며 공부했고 우리 아이를 가졌을 때부터 다시 육아와 부모 교육에 대한 공부를 하며 해당 관련 분야에서 일을 했다. 내가 그 시기에 필요한 공부라고 생각한 일을 하다 보니 남편과 생활화하려고 노력했고 주위 만나는 사람들에게 나누고 싶어서 실천했다. 나눠서 누구에게 도움을 주게 되는 경우도 참 많았지만, 그로 인해 내가 가장 많이 배우고 나의 삶에 더욱 큰 변화가 있었다. 이렇게 나의 꿈은 세상 모든 아이들과 부모가 행복한 세상을 만드는 것으로 확장되었다.

물론 처음 시작할 때는 막연하게 그냥 꿈이었지만 그저 생각만으로 파라다이스를 꿈꾸는 허황됨이 아니라 내가 할 수 있는 것부터 하나씩 도전해 보면서 꿈을 키워나갔다. 그러다 보니 꿈이 아니라 점점 현실이 되었고, 나의 현실은 누군가에게 다시 꿈을 심어주고, 그 꿈이 싹 틔우는 것을 돕게 되었다.

직업을 여러 번 바꾼 경험도 다른 사람과 꿈을 이야기 나눌 때, 희망을 전할 때 참 많은 도움이 되었다. 한 분야에서 고정화된 생각을 전하는 것이 아니라 다양한 방식으로 비유하거나 혹은 상대방의 직업과 연결 지어 이야기할 수 있어서 상대의 이해를 많이 돕게 되었기 때문이다. 사람들이 흔히 말하는 "직업이 뭐야?", "무슨 일해?"라고 물을 때 대답하는 직업은 앞서 말한 것처럼 한 직업이 아닌 나를 어떤 시점에 어떤 경로를 통해 만났는지에 따라 모두 다르다. 어린이집 교사, 복지관 간사, 상담사, 불만 케어 전문 상담, 방송 댄스 강사, 학교 방과후 강사, 브레인트레이너, 프리랜서 등등 다를 수밖에 없었다. 지금은 누가 물어보면 '성장하고자 하는 프리랜서' 정도로 대답한다.

'우리 아이들이 살아갈 세상이 더 아름답고 행복해지면 좋겠습니다.' 그래서 어른들의 역할이 정말 중요하고, 왜 어른들이 솔선수범해야 하는지, 왜 부모가 끊임없이 성장해야 하는지, 왜 내가 나를 먼저 알고 상대를 이해해야 하는지… 나의 공부는 한 방향이었고, 내가 하는 말도 한 방향이었지만 명함만 보는 사람들에게는 그냥 직업을 자주 바꾸는 사람으로밖에 안 보였을 수 있다. 무슨 일을 하는지, 명함에 있는 직업이 무엇인지는 중요하지 않다고 생각한다. 아직도 사회에서는 한 기관에서 몇 년을 일했는지 중요하게 보겠지만 그 또한 연관된 일이었는지, 전혀 상관없는 일이었는지에 따라 다르게 볼 수 있다고 생각한다.

　나라는 사람이 어떤 마음으로 세상을 살고, 내 가족에게 아이들에게 어떤 세상을 보여주는지가 중요하지 않을까? 나는 앞으로도 꿈과 희망을 강의할 것이다. 누구나 마음 깊이 잠재된 꿈이 까마득한 오랜 겨울잠에서 깨어나 꿈틀거릴 수 있기를 간절히 바라는 마음으로 나의 공부와 도전은 계속될 것이다.

오프라인, 온라인, 통화, 카톡

　나의 강의는 대상이나 장소가 한정되지 않는다. 나의 이야기가 도움이 된다면 특별히 가리지 않았다. 길을 지나다 아이와 엄마가 다투거나 힘들어하는 모습을 보면 내가 먼저 가서 말을 건네기도 했다. 나도 우리 아이들과 함께였지만, 우리 아이들에게 잠시만 기다려달라고 양해를 구했다. 양육과 훈육, 부모교육이 필요한 사람이라면 내가 상대의 집으로 방문하기도 했다. 지인들을 우리 집으로 초대해서 함께 이야기 나누고 공부하는 시간도 가졌다. 마을 도서관에서 인원을 모아 재능기부를 하거나 같은 지역이 아닌 분들은 통화로 코칭 하기도 했고, 먼 지역으로 출장 상담을 가기도 했다. 내가 직접 만든 전단지를 들고 상가를 돌아다니며 협업할 수 있는지 찾아다녀도 보고,

동네에서 꽤 이름이 알려진 카페에 찾아가 정기적인 강의 일정을 진행하기도 했다.

초등학교 아이들에게 도움이 되는 내용은 수업 제안서를 작성하고 면접 과정을 거쳐서 초등방과후 수업이나 돌봄 수업으로 진행했고, 백화점 문화센터나 외부기관에서는 단기 특강을 진행하기도 한다. 가끔 다른 선생님들과 함께 중학교나 고등학교로 수업을 나가기도 한다. 같은 분야에서 일하시는 분들이 정보 공유를 원하실 땐 대면이나 온라인으로 강의를 해드리기도 한다.

혹자는 이름 있는 회사에 소속되어 한 가지 콘텐츠를 정하라 충고하는 사람들도 있다. 하지만 새로이 시작되는 새해에 난 어디에도 소속되고 싶지 않다. 있는 그대로의 나를 있는 그대로 보여줄 수 있는 콘텐츠, 내가 공부하고 경험했던 것들을 진솔하게 나눌 수 있는 콘텐츠, 직접 발로 뛰고 비싼 돈을 내며 배웠던 내용들을 마음껏 나눌 수 있는 콘텐츠로 필요한 사람들과 더 많이 만나려 한다. 지금까지는 아무래도 아이와 부모에 관련한 내용이 많다 보니 주 대상은 육아 상담이나 훈육, 부모교육, 부부관계 코칭이 필요한 사람들이 많았다.

내가 더 많이 배우고 변화할 수 있다

강사라는 일이 표면적으로는 누구에게 도움을 주는 것 같지만 사실은 누구보다 꾸준히 공부를 할 수 있다는 점에서 가장 좋다. 상위 1%의 우등생들이 가장 많이 하는 공부법이 무엇이던가? 바로 학습한 내용을 복습하고, 인지적인 내용을 더 정확하게 메타인지하는 것이다. 아이도 어른도 메타인지가 굉장히 중요하다고 생각하는데, 강사라는 일은 바로 메타인지를 정확하게 정립할 수 있다고 생각한다. 메타인지로 유명한 리사 손 교수가 "인지는 생각하는 것이고 메타인지는 생각한 것을 한 번 더 깊이 생각하는 것"이라고 했다.

그냥 배우는 입장은 배움에서 끝날 수 있다. 이런 내용이 좋구나, 도움 되는구나, 해봐야지 누구나 다짐하지만 그대로 다짐으로 끝나는 경우가 많다. 실제 부모교육을 들으러 다니는 학부모 중에 이와 같은 사례를 많이 보았다. 오죽하면 '1주일 약발'이라고 할 만큼 부모교육을 듣고 1주일 힘을 낸다. '그래 할 수 있어', '해보자', '엄마가 행복해야 아이도 행복하다', '내가 변하면 된다' 등 굳은 각오를 하지만 왜 1주일 만에 약발이 떨어지는 것일까?

바로 메타인지가 안 되기 때문이다. 메타인지를 하려면 인지를 해야 하는데, 인지를 생각으로 하지 않고, 비교부터 하는 경우가 많다. 인지는 비교하는 것이 아니다. 어떠한 문제를 문제로 놓고 보는 것이 아니라 어떻게 해결할 것인가 관점을 바꿔서 바라보아야 하는데, 문제를 해결할 관점으로 보지 않는다.

나도 부모교육을 많이 쫓아다니며 듣던 사람이다. 내가 청중으로 참석한 현장에 있으면서도 과연 이 중에 부모교육을 하는 강사를 보며 온전하게 받아들이는 사람이 몇 명 있을까는 생각이 문득 떠오른 적이 한두 번이 아니다. '저분이니까 가능하지', '우리 집은 달라', '우리 애랑 저 애랑 달라', '우리 남편을 몰라서 그래', '돈이 많으니까 가능하지' 등등 수많은 상황으로 자신의 상황과 비교하며 잠시 힘을 낼 영양제를 찾듯이 참석하는 경우가 많았다.

그런데 강사는 영양제를 찾아 듣기만 할 수 없는 입장이다. 어떠한 강의나 교육을 들어도 이걸 사람들한테 어떻게 나눌지 고민해야 한다. 저 사람의 저 말을 나는 이렇게 알아들었지만 내가 전하는 방식은 또 다르고, 나에게 듣는 사람의 스타일과 상황 또한 또 다르기에 들은 내용을 다시 살펴보고, 다시 해석하는 리모델링이 반드시 필요하다. 그래서 배우고, 나누고, 공부하고 또 배우고 공부하고 나누고, 나누면서 공부하고 배우고… 이 세 박자가 끊임없이 맞물려 성장할 수 있는 건 강사인 덕분이라 생각한다.

수익보다 나눔이 우선이 되는 점

강사를 목표로 시작하지 않았기에 지금도 내가 많이 부족하다고 생각한다. 사실 지금까지 나 자신을 전문 강사라고 생각해 본 적이 별로 없다. 그래서 강사로서 힘들다고 생각하기보다 내가 걸어온 과정 중 하나의 상황이라고만 생각했다. 그중에 힘들었던 경우들을 살펴보자면 비용과 보람인 것 같다. 나는 강사로 돈을 벌어야겠다고 생각해 본 적이 없어서 비용을 많이 책정한 적이 없다. 물론 기관에 속해서 일하는 경우는 본사에서 책정된 금액이 있지만 개인적으로 진행한 일들은 거의 재능기부인 경우가 훨씬 많았다.

내가 배운 좋은 내용을 나누고 싶어서 무료로 하겠다고 하면 듣는 사람들도 소중히 생각하지 않았고 약속 시각이 다 되어서 취소하거나, 이름 없는 강사가 그것도 무료라니 무슨 가치가 있겠냐는 평을 듣기도 했다. 그렇다고 비용을 책정하면 역시나 이름 없는 강사가 무슨 돈을 받고, 내용이 제대로 된 게 맞느냐 하는 경우도 있었다. 앞서 말한 것처럼 많은 경로를 통해 강의나 코칭을 해보고, 많은 지역을 다니며 상담도 해봤지만, 개인적으로 출장을 갔다고 해서 출장비를 받아본 적도 없었다. 기관으로 나간 경우에도 돈을 많이 받는 것이 아니다. 강의 특성이나 시간에 따라 다르긴 하지만 가장 낮은 금액은 2천 원, 3천 원인 경우도 있다.

그럼에도 계속할 수 있었던 건 만나는 아이들이 성장하는 모습과 부모들이 변화하는 모습을 보면서 정말 보람되고 너무 기뻤기 때문이다. 하지만 간혹 오해를 사는 경우도 더러 있다. 초등학교 방과후 강사는 학부모들에게 그냥 방과후 강사일 뿐이다. 초등학교 방과후 수업은 맞벌이 부부가 많은 현실 사회에서 아이들의 돌봄 과정 중 하나라는 인지가 크기 때문에 안전하고 재미있게 한두 시간을 잘 보내고 귀가하는 통로의 역할을 한다. 수강 신청을 받을 때와 아이들 스케줄이 특별히 변동되는 경우를 제외하면 사실 학부모와 대화를 나눌 상황도 별로 없다.

그런데 나는 학부모들에게 별난 방과후 강사이긴 했다. 어떤 어머니는 "나도 방과후 수업을 나가는데, 도대체 왜 이렇게까지 하시냐?"라는 말을 듣기도 했다. 아이들을 처음 만나는 날, 나는 아이들의 행동을 유심히 관찰한다. 말하는 단어, 습관적으로 쓰는 말들, 즐거울 때와 화날 때 하는 행동 등을 유심히 살펴보고, 조금만 방향을 잡아주면 너무 좋겠다 생각이 되는 친구들은 따로 연락을 드리기도 한다.

그럼 열이면 열, 반응은 반반이다. "우리 애가 문제가 있나요?" 하고 유심히 듣거나 "네~네~." 하며 관심 없이 듣거나 둘 중 하나이다.

한번은 이런 일도 있었다. 어떤 어머니가 자신의 아이를 내가 어떻게 한 번 보고 자세히 알았냐 하시며 언짢아 수업을 취소하는 경우가 있었는데, 그 어머니는 아이 상황에 대해 담임 선생님과 학교에도 말한 적이 없었기 때문이었다. 또한 다른 어머니의 경우 아이의 감정 상태에 대한 상세한 피드백에 감정이 상해서 설문조사에 점수로 반영한 경우도 있었다. 나에게 점수를 잘 주지 않아 화가 나는 것이 아니다. 아이가 자신의 감정을 조절하지 못해 힘들어하고 도와 달라하는 경우에도 아이의 마음보다 부모의 감정이 앞서는 것이 참 기운 빠지는 일이다.

현실에 부딪혀 자신의 꿈을 포기하는 육아맘, 워킹맘

나는 사람과 만남이 참 중요하고, 소중하다고 생각해서 만났던 사람들이 거의 다 기억에 남는다. 특히 수강생 중에서는 너무 잘 돼서 좋은 기억으로 남거나 너무 안타까워서 아쉬운 기억으로 남거나 두 부류인 듯하다. 그중 아쉬운 기억의 사례들은 거의 아이 엄마들이다. 한 엄마는 자신의 말과 행동에 힘이 생기고, 변화를 느끼는 삶이 너무 즐겁고 행복해서 표정이 밝아지고, 활기가 생겼다. 그런데 남편이 바뀌지 않으니 자신의 꿈과 현실이 늘 부딪혔다. 이 엄마는 남편과 함께 우리 집에 놀러 와서 우리 부부와 시간을 보내기도 하고, 그 집 아이를 내가 공동 육아하듯이 살펴주기도 했다. 결국은 몇 달 지나, 너무 현실적이지 않다며 다시 우울한 모습으로 돌아갔다.

   나는 결코 변화가 쉽다고 이야기하지 않는다. 시간이 오래 걸릴 수도 있고, 쉽지 않다고 말한다. 그럼에도 분명 포기하지 않으면 반드시 가능하다고 말한다. 하지만 현실에 부딪혀 포기하는 사람들이 참 많다. 또 한 엄마는 감성이 민감하고 너무 똘똘한 아들을 잘 키우고 싶어 했다. 열정적으로 아이를 케어하고, 배우려고 하시는 분이었지만 마찬가지로 남편과 현실 생활에서 이질감을 느끼고 힘들어했다. 또 다른 엄마도 마찬가지다. 너무 똘똘한 아이들을 양육하기 위해 열심히 부모교육을 듣고, 상담하고, 변화하려고 노력하면서 "선생님, 정말 변화된 모습 보여주고 싶어요." 하며 굳은 각오를 보이셨는데, 코로나 여파와 현실의 문제, 남편과의 소통 관계에서 버거움을 못 이겨내고, 바쁜 생활 속으로 다시 사라졌다.

   이 엄마들에게 문제가 있다고 말하는 것이 절대 아니다. 우리 삶은 늘 나와 아이, 남편과 돈, 집안일, 회사일 등 그 몇 가지 안에서 돌고 돈다. 나도 참 많이 힘들었다. 그런데 포기하지 않으니 정말 되는구나를 온몸으로 체험해 봤고, 내가 해 봤기에 진심으로 나눌 수 있었던 것이다. 그렇게 진심으로 만났던 거의 모든 사람들이 기억에 남고, 나에겐 참 감사한 분들이다. 그분들로 인해 나는 나를 바로 세울 수 있었고, 공부를 쉬이 놓지 못했고, 마음을 다잡으며 지금까지 올 수 있었다고 생각한다.

어제보다 한 걸음 더

나에게 강사란 걸음마다. 사람의 특성 중 하나가 다른 사람들과 자신을 비교하는 것이다. 누구는 보폭이 참 넓구나, 누구는 걸음 속도가 참 빠르구나, 또 누구는 이동 수단이 참 좋구나, 운동화가 참 좋은 거네 하면서. 그런데 나는? 어떤 순간에 내가 한없이 초라해지는 경우가 있다. 어떤 순간엔 세상 누구보다 멋진 내가 보이기도 한다. 그래서 나는 나의 기준을 새롭게 세웠다. 내가 힘들 때, 내가 흔들릴 때, 다른 사람의 말이 아닌 내가 나를 붙잡을 수 있는 말, '어제보다 한 걸음만 더 걷자' 바로 이 짧은 한마디에 수많은 뜻이 포함된다. 괜찮아, 충분히 잘하고 있어, 할 수 있어, 누가 뭐래도 잘하고 있어, 늦으면 좀 어때, 지금까지 참 잘 왔어 등 내가 힘들 때 찾았던 몇 분들의 유명한 말은 다 담겨있는 것 같다.

내가 가장 두려운 것은 어제와 같은 걸음으로 머물러 있는 것이다. 매일 한 걸음 나아가려면 너무 스스로 달달 볶아대는 것 아니냐 하는 사람들도 있지만, 볶아 지칠 때는 마음껏 놀고, 쉬기도 한다. 여유 속에서 새로운 아이디어를 떠올리기도 하고, 다양한 관점으로 나를 다시 살펴보는 시간이 되기도 한다. 어제보다 한 걸음 더 못 걷는 날도 있다. 그래도 한 발을 들기라도 할 수 있다. 이마저도 못하는 날은 신발 끈을 묶기라도 하든, 양말을 신기라도 하든 발가락이라도 꼼지락대기도 한다. 마냥 어제와 같은 자세, 같은 방향, 같은 위치에 있진 않게 된다.

앞으로도 나는 많은 사람을 만날 것이다. 아이들에게는 세상이 아름답고 행복하고, 좋은 어른이 많다는 걸 알려주고 싶고, 어른들에게는 잊고 있던 꿈을 되찾을 수 있도록 동심의 꿈과 희망을 전해주고 싶다. 누군가가 한 걸음을 걸으려 할 때 손을 잡아주거나 옆에서 발을 맞춰주거나 박수를 쳐주고 싶다.

이 시대를 사는 우리는 이제 정말 지구와 떨어뜨려 생각할 수 없는 존재들이고, 그러기에 더더욱 사람들이 서로가 서로를 생각하지 않을 수 없는 시대가 되었다. 나의 꿈과 희망을 키우면서 다른 사람의 꿈과 희망을 함께 바라보고, 손뼉 쳐 줄 수 있는 사람이 되고 싶다. 그래서 나의 브랜드 로고를 '꿈ing' 이라고 리모델링 했다. 나의 꿈은 계속 자라나는 중, 꿈잉! 새해엔 진심과 공감으로 소통하고 있는 주변의 꿈 많은 사람과 함께 더욱 성장하고 싶다.

용기 내서 선택하고 나를 기록하라!

강사가 되고 싶다면 용기와 선택, 기록 이 세 단어를 추천한다. 어떤 직업을 선택하든 콘텐츠가 있든 없든 망설이지 않기를 당부한다. 망설이지 않다기보다 그냥 용기로 도전해 보라고 권하고 싶다. 생각하다 보면 생각이 많아지고, 또 다른 생각이 떠올라서 또 생각하게 된다. 생각의 꼬리를 문다는 말처럼 생각은 끊임없는 걱정과 염려, 그에 대한 여러 방향의 또 걱정과 염려를 만들면서 결국 자신이 뭘 걱정하는지도 모르게 생각에 빠져버리게 만든다.

그래서 떠오르는 영감이 있다면 바로 행동으로 옮기는 용기를 내길 바란다. 용기를 내서 뭐라도 하다 보면 본인이 정말 선택하고 싶은 걸 찾을 수 있다. 조금 하다 재미가 없거나 다른 생각이 떠오르면 정말 원하는 것이 아닐 수 있다. 정말 선택하고 싶은 건 어떤 불이익이 있어도 감수할 수 있는 것이다. 다시 말해 정말 자신이 원하는 것은 어디에서 무엇을 하든, 누구랑 있든 내가 계속하고 있는 것, 계속하게 되는 것을 선택하게 되는 것이다.

그리고 끊임없이 기록하라. 기록은 어렵지 않다. 나도 한때는 기록이 어려웠다. 잘해야 한다는 생각 때문에 블로그나 인스타를 활발히 활용하진 않았다. 아이들이 어릴 때 카카오스토리를 꽤 잘 운영하다가 남들한테 보여주기가 중요하지 않다고 생각한 순간에 멈추었고, 블로그를 하다가 잘해야 한다는 부담이 드는 순간 멈추었고, 인스타는 아무나 연결된다고 생각이 들어서 시작도 안 했다. 그런데 어느 순간이 되니 나의 기록들이 없는 게 너무 아쉬웠다.

책 쓰기에 도전한 것도 그런 이유 중 하나다. 내가 그동안 공부한 내용들, 경험했던 사례들, 내가 정말 원하는 것들을 다시 떠올려 정리해 보고 싶었다. 나의 정체성과 가치를 새로이 단장하기로 각오한 새해이기에 '나'를 기록하기로 했다. 대한민국에 참 많은 강사가 있고, 각 전문분야에 뛰어나신 분들도 많지만 '나'를 대신할 강사는 어디에도 없다고 생각했다. 내가 하는 나의 이야기, 내가 전할 수 있는 달란트는 다른 사람들에겐 없는 것이기에 나도 용기로 도전해서 2023년도는 새로이 작가를 선택했고, 나와 세상을 기록하려 한다.

나는 사랑과 행복을 전하는
복지 창업 컨설턴트다

현재 '청도 재가 노인복지센터'의 센터장으로 활동하고 있다. 2019년 장기요양기관 평가 최우수 A등급 방문요양 기관으로 선정되었으며, 업무로는 '청도 재가 노인복지센터'에서는 65세 이상 또는 65세 미만의 노인성 질환을 지닌 어르신 중 거동이 불편해 일상생활이 어려운 분들께 장기 요양 등급 신청 및 방문 요양, 방문 목욕, '긴급 돌봄 SOS' 등의 돌봄 케어를 해드리고 있다. 그리고 '강덕무관' 우슈 태극권 사범으로 활동하면서 참만남 'NLP 마음치유 스피치' 서울 위원장으로도 활동하고 있다. 이런 활동들로 마음 치유, 운동처방을 통해 어르신들과 가족분들이 행복한 삶을 살아갈 수 있도록 힘쓰고 있다. 앞으로는 복지 창업을 원하는 사람들에게 도움을 주고자 한다.

자유롭게 표현하고, 스스로 힘을 갖게 하고, 삶의 주인공을 원하는 사람들에게 자아 성장을 돕는 것에 헌신하고 있다.

우정희

우정희 ●●●

- ○ (현) 청도 재가 노인복지센터 대표(2014)
- ○ 한세대학교 사회복지행정학 박사 졸업
- ○ 미국 로드랜드 대학 자연치유 학 박사
- ○ 동대문구 우슈협회 수석부회장 / 서울시 우슈협회 (전) 이사
- ○ 강덕 무관 총 본관(1972) 이재봉 관장 쿵후 우슈 태극권 사범
  (사) 대한 우슈협회 공인 6단
- ○ 대한 웰다잉협회 동대문 지회장
- ○ 국제 공인 NLP 마스터 프렉티셔너
- ○ 서울시 동대문구 소재 전농 1동 통장협의회 회장
- ○ 네이버 인물 등재

이메일 sungwoo39@naver.com
블로그 https://blog.naver.com/sungwoo39
연락처 010-7799-3226
유튜브 https://www.youtube.com/channel/UCim6xxDUcRVXBtFyCjh3GmQ

존경받는 사람 선생님이 되고 싶었다(표현, 커뮤니케이션)

내 일에 커뮤니케이션 능력을 갖추고 존경받는 삶을 살고 싶었다. 내가 왜 강사가 되고 싶었을까? '내가 하고자 하는 일에 커뮤니케이션 능력만 갖춘다면 나는 세상에 못 할 게 없을 것이다.' 라는 생각을 해오며 살았다. 그만큼 내 삶에 있어 표현하는 것, 의도를 명확히 전달하는 능력은 중요한 부분이었고, 그 문제를 해결하고자 교육을 통해 공부도 하고, 개인 코칭도 받아 가면서 지금의 내가 되었다.

나는 부족하다는 생각이 많았지만, 다른 사람들이 내게 '에너지가 없고 힘이 빠져 있다가도 당신을 보면 힘이 나서 뭔가 해봐야겠다.' 또는 '당신이 어떤 사람인지 당신만 몰라.' 라는 긍정적인 피드백을 해주었다. 그러나 정작 나 스스로 인정이 되지 않았다. 스스로 인정이 무엇보다도 중요했다. 환경, 경제에 영향을 받으며 '지금은 안돼.

더 준비되면 하자.' 이렇게 생각하다 보니 시작하는 것이 늦어지고 배움을 늘리면서 시간을 흘려보내기도 했다.

잘 생각은 나지 않지만 30대 중반이었던 것 같다. 우연히 '10인의 리더십 세미나'를 들으며 두 분의 리더십이 크게 인상 깊게 다가왔다. 먼저 두바이의 황태자 미친 리더십. 모래땅에 세계에서 제일 크고 멋진 163층 두바이 칼리파 건물을 건축하고, 원래 그렇게 푸르른 숲이었던 것처럼 푸른 초목이 잘 가꾸어진 곳, 그 제국을 건설하고자 그는 어떤 리더십을 펼치셨을까? 그 사람을 만나봐야겠다고 생각하였다. 실제로 2019년경 두바이 비행기 표를 사서 실제로 다녀오기도 했다.

또 한 분은 이순신 장군으로 그분의 리더십 교육을 들을 때였다. 조금은 나와 닮은 부분도 있다고도 생각했고 닮고 싶은 분이라고 생각하였다. 이 리더십 교육은 경희대학교 교수님께서도 참여하셔서 진행했는데, 그곳에서의 인연이 프레젠테이션 기술, 강사 기법을 가르쳐주는 분과의 연결로 이어지기도 했다.

그곳에서 제안받은 과정은 500만 원 정도를 얘기했고, 10회 과정으로 이루어진다고 기억하고 있다. 하지만 그것을 선택하지 않았고 그때는 큰돈이라고 생각하며 가슴을 쓸어내렸다. 난 그렇게 강사 또는 가르치는 사람, 교육자, 학교 선생님 등 존경받는 사람이 되고 싶었던 마음만 가득했다.

이렇게 생각한 영향을 보면 초등학교 5학년 담임 선생님이 생각난다. 시골에서 태어났고 5살 도시로 이사 가서 다시 초등 5학년 1학기 때 시골로 전학을 왔다. 성격이 내성적으로 바뀌었던 변화의 시기였다. 지금 생각해 보면 '내 삶에 그분이 아니었다면 어떠했을까?' 하는 생각을 해본다.

담임 선생님을 언니라고 얘기했을 정도로 가깝게 따뜻하며 편하게 대했다. 편지를 자주 주고받았던 기억이 있고 평생 동안 살아가면서 잊히지 않을 소중한 기억이며 큰 영향력을 주었던 사건이었다. 다른 친구들은 선생님을 어려워했던 그때 나는 선생님이 친구 같고 언니 같았고 너무 좋았다.

이때부터였을까? 가르치는 선생님 같은 사람이 되면 참 좋겠다는 생각을 막연히 했다. 아이들이 행복한 세상이 될 수 있도록 존재 자체로 인정해 주시던 그 선생님은 삶 전체를 살아가는 동안 지금까지도 영향을 주는 존재이다.

복지 창업 컨설턴트, 사회복지, 우슈 태극권, 웰다잉, NLP 마음 치유

   온라인에서 여러 가지 학습을 해오던 중 우경하 대표님께서 운영하는 '나 연구소 1인 기업' 카톡 방에서 김형환 교수님 특강을 접하게 되었다. 이후 1인 기업 CEO 104기를 통해 봉사 마인드로 기관을 운영하던 것에서 경영 마인드를 갖게 되었고, 이를 통해 관점을 확장하는 계기가 되었다. 1인 기업으로 어떻게 콘텐츠를 만들지에 대해 고민하는 시간이 있었고, 근원을 찾아가는 시간 속에서 현재 '복지 창업 컨설턴트'로 콘텐츠로 방향을 잡고 만들어가고 있다. 콘텐츠 스쿨 11기, 경영 코치 1기로 활동 중이고, 2023년 2월 9일부터 프로 CEO 과정을 하고 있다.

   복지 창업이 필요한 사람들에게 '사랑, 소통, 성장을 바탕으로 행복한 삶을 돕기 위해 존재한다.'는 사명을 실현하기 위해 힘쓸 것이다. 고령사회로 진입하면서 복지는 더욱 확대될 것이다. 더구나 진입 장벽이 낮고 국가지원으로 안정화를 가질 수 있다는 장점이 있다. 노인 복지 창업과 더불어 기존에 하던 우슈 태극권, 웰다잉, NLP 마음 치유를 통해 건강하고 행복한 삶을 살아갈 수 있도록 힘쓰고자 한다.

2021년부터 온라인 커뮤니티를 만나고 필요하다고 생각되는 모든 것을 학습하기 시작했다. 유성대 소장님을 만나 상담하며 유튜브 비즈니스 채널을 개설하고, OBF 포럼 활동을 하고 있다. 결국 21년 8월 25일 '우정희 코치의 힐링 성장 TV'로 유튜브 채널이 탄생하였다. 앞으로 '노인 복지 창업' 콘텐츠로 유튜브 채널을 추가 개설할 예정이다.

복지 창업, 매월 2회, 온, 오프라인 미팅, 온라인 강의 준비 중

'청도 재가 노인 복지센터'를 2014년 설립하여 운영하고 있고, 석사를 졸업한 이후 전문성을 키우고 싶어 한세대학교에서 사회복지행정학 박사학위를 취득하였다. 사회복지법인에서 행정부장으로 재직하며, 산하 기관의 다양한 시설을 경험하였다. 요양보호사교육원을 오픈한 경험을 바탕으로 전임 교수로 사회복지학을 강의하였다.

(사)미래복지경영의 최성균 교수님과 함께 사회복지시설 연수를 통해 유럽, 일본 등 선진국의 여러 나라를 견학하기도 했다. 국내에서는 기관장님들을 통해 다양한 복지시설 견학과 라운딩, 운영에 대한 부분들을 접했다. 또한 시니어케어연구회(인지증 연구회) 활동을 통해 매월 모임을 갖고 연구를 하고 있으며, 웰다잉 활동을 해오고

있다. 이런 활동들은 NLP 마음치유학과 우슈 태극권 수련이 힘든 과정 속에서도 성취할 수 있었던 기반이 되어 주었다.

다양한 경험과 배움, 시행착오, 어려움을 극복해오는 과정을 통해 성장하였기에 앞으로 복지 창업을 하고자 하는 사람들에게도 진정성 있는 강의를 할 수 있고 기여할 수 있으리라 생각한다. 대상은 복지 창업에 관심이 있거나 창업을 하고자 하는 사람, 퇴직자, 인생 전환기를 맞은 사람, 무엇을 해야 할지 모르거나 복지에 관심이 있는 사람, 가치 있는 일을 하며 삶의 의미를 찾고, 정년 없이 하고자 하는 사람으로 한다. 매주 온, 오프라인을 통해 사람들과 연결되어 소통하고 월 2회 온라인 교육과 개인 코칭으로 진행할 계획이다.

소통과 나눔 표현

강의를 통해 나를 표현하고 서로 소통할 때 만족감, 충만감, 에너지가 솟아오름을 경험한다. NLP 마음치유 강의를 할 때였다. 너무 피곤해서 지쳐있을 때였는데 강의를 하면서 더 힘이 나고, 에너지가 생겨났다. 사람은 자신을 표현할 때 해소되며, 삶의 의미와 보람을 찾는 것 같다. 어린 시절 환경의 변화와 사건으로 성격이 내성적으로 변했다. 나를 잘 표현하지 않고 책임감으로 혼자 다 해내려고 하거나

'울면 안 돼' 노래 가사처럼 힘들어도 힘들다고 얘기하지 않았다. 힘들다고 얘기하면 다른 사람이 아파하고 힘들 거라는 생각을 하기도 했다. 마음의 힘듦과 관계에서 오는 어려움을 극복하는 과정에서 2009년부터 스피치와 NLP 마음치유 학문을 하게 되었고 이로 인해 많은 변화가 있었다.

현재 코치로서의 존재로 어떤 환경에서도 어려움 속에서도 긍정과 가능성의 세계에서 산다. 끝까지 포기하지 않고 해내는 것, 감정이 다운되고 힘들 때 가끔 롤러코스터를 타기도 하지만 빠른 시간 내에 회복하고 있다. 힘들어하는 사람들에게 손을 잡아주며 조금만 도와주면 그 힘을 회복하고 스스로 힘을 가질 수 있을 거라는 것을 알게 되었다. 강사란 힘든 일이기도 하지만 가슴이 뛰고 살아있다는 존재 가치를 경험하게 하기도 한다.

NLP 치유학에서 공부했던 학습의 5단계가 있다. 보통은 학습의 4단계로 구분한다. 1단계는 인식하지 못하는 무능력 단계이다. 자신이 뭘 모르는지 문제가 무엇인지도 모르고 살아가는 삶이다. 남들이 그렇게 사니까 살아가는 대로 기계적인 삶을 사는 단계, 왜 사는지도 모르고 주어진 삶을 그냥 기계처럼 살아가는 삶이다.

2단계는 인식하는 무능력 단계-문제를 인식하는 단계이다. 자신의 문제를 인식하고 있지만 도전하지 않고 노력을 하지 않고 포기하고 사는 삶이다. 3단계는 인식하는 능력이다. 관심을 갖고 도전할 때는 잘하지만 노력하지 않으면 과거로 돌아가는 단계이다. 이처럼 노력을 해야지만 잘하는 단계이다. 4단계는 인식하지 않는 단계이다. 운전면허를 따고 숙달이 되면 인식하지 않아도 자동으로 운전하게 되는 단계를 말한다. 5단계는 가르치는 단계이다. NLP 치유학에 따르면 우리가 안다고 하는 것은 말할 수 있는 단계 즉, 가르치는 단계까지 가야 한다는 것이다.

강사를 꼭 하라고 하는 것은 아니다. 4단계를 뛰어넘어 5단계까지 가라고 권하고 싶다. NLP 치유학 정동문 교수님께서는 5단계를 강조하여 주셨는데, 가르칠 수 있어야 진정 안다고 할 수 있다고 강조하셨다. 많은 분들이 가르치는 단계까지 가기 전에 멈추는 경우가 많다. 나도 그렇게 생각했다. 가르치는 단계까지 공부할 생각보다는 아는 단계까지 학습하면서 왔다.

강의를 하면서 사람들과 소통하며 에너지가 차오르는 경험을 했다. 살아있다는 경험, 자유로운 표현과 동기부여를 주었을 때, 나를 만나면 왠지 힘이 난다고 했을 때 충만감을 경험한다. 나는 또한 언어에 관심이 많다. 언어의 수준이 관계의 수준을 결정한다는 말이 있다. 좋은 언어를 효과적으로 사용하고 강의를 통해 효과적으로 전달했을 때, 즉 커뮤니케이션이 원활하다고 경험할 때 행복감을 경험한다. 강사로서 좋은 점이 너무나 많고 다양한 욕구를 충족시켜준다고 말하고 싶다.

감정을 표현하는 삶을 산다는 것은 축복이다. 많은 사람이 감정을 표현하지 못하고 참다 보니 마음의 병을 만들고 살아간다. 나는 사람들이 자유롭게 표현해도 되는 구나를 알게 해주고 싶다. 그래서 효과적인 커뮤니케이션을 훈련하는 것은 참으로 의미 있는 삶이라고 생각한다.

인간관계에서 얽힌 매듭을 푸는 것은 언어가 중요한 역할을 한다. 관계를 풀려고 대화했지만 관계가 더욱 악화되었던 경험이 있을 것이다. 효과적인 소통을 하기 위해서는 언어를 훈련해야 한다. 언어의 수준을 높이고 싶다. 전달하고자 하는 말, 커뮤니케이션할 수 있다면 삶이 어떻게 달라질 수 있을까? 용서를 하는 것도 언어의 힘이다. 진정성 있는 표현을 언어로 효과적으로 할 수 있다면 삶에서의 만족감, 행복감, 충만감이 몇 배가 될 것이다.

마음의 여유와 시간을 갖는 것

강의를 준비할 때는 마음의 여유와 준비할 수 있는 물리적 시간이 필요하다. 강의 주제에 대해 생각하고 고민하는 시간을 가질 수 있는 마음의 여유가 필요하다. 내가 하는 강의를 통해 주고자 하는 목적이 분명하고 명확해야 한다. 강의 준비를 하려면 책을 읽고 도움이 될만한 자료를 요약하고 정리한다. PPT를 만들면서 어떻게 하면 효과적으로 전달할까를 고민하게 되는데, 조급한 마음 상태에서는 집중력이 떨어지게 된다. 미리 시간을 계획하고 선택해야 한다.

무엇보다도 빠뜨릴 수 없는 게 '체력'이다. 체력이 뒷받침되어야 한다. 강의를 준비하는 것, 강의장을 다니느라 이동하기도 하고 사람들을 만나거나 자료를 찾는 등 여러 활동들을 하다 보면 에너지가 필요한데 운동을 통해 체력을 기르는 것이 중요하다.

지금까지 여러 가지 일들을 성취하고 도전하면서 지치지 않고 계속 나아 갈 수 있었던 힘은 운동이었다. 20대 때부터 헬스, 수영, 요가, 승마, 탁구, 스키 등을 해왔는데 신체적인 부분뿐만 아니라 신체적, 정신적 측면에 모두 도움이 되는 운동을 알아보다 50년이 넘는 무술 도장이 동대문구 청량리역 부근에 있는 것을 알게 되어 지금까지 평생 운동으로 해오고 있다. 강한 권법인 '전통권'은 영화에서 나오는 '이소령'을 생각해 보면 된다. '내가권'인 '태극권'은 부드러운 동작으로 '움직이는 명상'이라고도 불리며, 집중력과 유연성에 탁월하여 평생 운동으로 즐기고 있다.

70대 중반의 교육생

요양보호사 교육원 전임교수로 재직 시 70대가 넘는 교육생이 세 사람 정도 있었다. 그분들은 '공부를 못하겠다.' '무슨 말인지 읽어도 모르겠다.' '공부를 해본 적이 없다.' 며 걱정과 염려로 못하겠다고 하셨다. 이분들에게 어떻게 합격할 수 있도록 지원해 드릴 수 있을까를 내내 고민했다. 책과 문제집, 시험지 등 모든 자원을 활용하고 공부해서 쉽게 이해할 수 있도록 풀어서 사례를 가지고 강의를 했다.

자신 없어 하는 고령의 어르신분들에게 문제를 읽으며 문제 속에서 중요한 키워드를 찾게 하고, 이해하면서 풀어가는 방법을 설명하며 동기부여를 해드리고 그분들을 끝까지 시험장으로 보낸 일, 합격하는 기쁨을 가졌을 때를 잊지 못한다. 그분들 중에는 최근까지 연락을 해오는 분도 있다. 지금도 영화처럼 생생한 기억으로 흐뭇한 기쁨으로 간직하고 있다.

강사로서 그분들이 성취하고 싶은 부분에 도움을 드리고 자격증을 취득하게 한 경험이 삶을 살아가는 동안 큰 기쁨을 느끼게 했다. 지금 생각해도 그때는 참 열심히 공부해서 전달했던 시기였다는 생각이 든다. 주말에도 상담 오는 전화를 모두 받았고 상담해 드렸다. 그런 노력이 성과를 내었는지 모두 합격하는 감격의 순간을 맞이했다.

우슈 태극권 강의는 여러 복지관이나 기관, 노인대학 등에서 지도하면서 어르신들의 근력 향상과 기혈순환을 돕고 건강한 삶을 살아가는 데 기여하고 있다. 그중에서도 7년째 하는 서울 동대문구 전농1동 소재 '전곡 마을마당 쿵후 우슈 태극권 동호회'가 있다. 공원에서 새벽에 진행되며 평일 월~금까지 진행했다. 초등생부터 가족이 와서 할 수 있는데 60세 이상 이거나 주로 70~80세가 넘는 분들인데 운동 덕분에 혈압약을 끊으셨다 자랑하시는 분도 계신다. 암 투병을 이겨내신 분, 성인병이 없어졌다며 행복해하시는 분 등 다양하게 계신다. 이분들이 구대회 및 전국 대회도 나가서 선수로서 경험도 갖게 되었다. 상장을 들고 미국에 있는 자녀에게 자랑한다고 기뻐하시던 모습들이 지금도 생생한 기억으로 있다. 강사가 없어도 자율적으로 운동하는 시스템을 만들고 싶었는데 현재 자율적으로 운영되고 있다.

내가 누구인지 깨어있는 삶

강사가 되는 것, 언어를 훈련하는 것은 세상에서 가장 높은 수준의 기여라 생각한다. NLP 정동문 교수님께서 하신 말을 인용해 보면 '말 잘하는 5%의 사람이 95% 영향력을 주는 삶을 산다.' 라고 하셨다. 이 말씀처럼 세상에 선한 영향력을 전하는 삶을 살고자 지금까지 성장하면서 살아왔다.

그리고 '언어의 힘'을 믿는다. 감동과 동기부여를 주는 일, 스스로 힘을 얻게 하는 일, 업무에 성과를 만드는 것, 10대도 70대도 언어를 통해 쉽게 이해할 수 있도록 돕는 것, 모두가 언어로 이루어진다. 심리치료나 마음 열기 등에서도 언어 사용이 얼마나 중요한지 알 수가 있다.

강의하는 일은 도전이 되었지만 여러 가지 도전을 하면서 부족함을 채워가며 지금의 모습이 되었다. 많은 사람에게 동기부여를 주고 변화를 위한 여정에 힘이 되어 드리는 일, 그들이 자신의 삶을 힘 있게 살아가는 모습을 보는 일에서 기쁨, 충만감, 만족감, 행복감을 경험하고 있다. 책을 쓰는 저자가 되고 싶었던 20대 꿈을 이루기 위해 공저를 하나씩 출간하고 있으며, '우리는 강사다' 라는 주제로 이번이 4번째 공저이다.

올해는 개인 출간도 꿈꾸고 있다. 월화수목금금금… 시간 없고 바빴던 나에게 이런 일은 상상하기 힘든 일이었다. 시간을 경영하고 자신이 누구인지에 깨어있는 지금의 삶이 행복하다. 글을 쓰면서 치유가 되고 외부로 향해있던 삶에서 내부로 전환되는 변화를 가지는 삶을 살고 있다. 삶의 목적이나 방향을 깊이 있게 발견하게 되는 시간이었다. 사람들과 나누고 소통하면서 연결되는 삶을 살아갈 것이다.

강사가 되고 싶은 너에게

처음 강의를 시작했을 때 강의 내용을 준비하기보다 외적으로 보이는 것에 집중하느라 정작 중요한 강의 준비를 하지 못하는 경우가 있었다. 어떤 주제로 강의를 정해야 하는지, 구성이나 PPT는 어떻게 만들어야 하는지 몰라서 시작하지 못하거나 늦어지는 경우가 많이 있었다. 프레젠테이션 활용이나 강의 콘텐츠를 구성하는 것에 어려움이 있을 수 있다. 전달하고자 하는 목적, 의도가 명확하지 않는다면 전체를 구성할 때 헤맬 수 있다. 강의를 준비하려면 역시 마음의 여유와 시간이 필요하다. 관심 있는 분야나 전달하고 싶은 영역에서 필요하다고 생각되는 배움과 그것을 소화해서 다시 풀어낼 수 있어야 한다.

지금도 강의를 하는 것은 두렵고, 미지의 세계이며, 도전하는 영역이다. 그리고 어떤 분들과 연결될지에 대한 설렘과 가슴 뛰는 영역이다. 올해 2023년에는 매월 2~3회 강의와 특강을 하고자 한다. 학습의 5단계처럼 가르치는 단계까지 할 것을 추천한다. 우리는 모두 강사가 될 수 있다.

자신의 경험 속에서 내가 무엇을 잘하는지를 살펴보고 초보가 왕초보에게 줄 수 있는 것은 무엇인지, 주고자 하는 메시지가 무엇인지 생각해 보자. '아직 부족한데?' '잘 할 수 있을까?' 등 부정적인 메시지에 힘을 주지 말고 '가능성의 대화'에 힘을 주기 바란다. 잘하려고 하기보다는 주고자 하는 메시지가 무엇인지를 보는 것이 중요하다. 또한 강사는 말과 행동이 일관성이 있어야 한다. 내가 말한 대로 나는 살아가고 있는지 점검하는 자세가 중요하다. 때론 용기가 필요할 때 자신을 신뢰하고 도전해 보기 바란다.

'부족해'라는 대화가 있다면 그건 더 준비하라는 뜻으로, '두려워'

라는 대화가 있다면 그것은 전달하고자 하는 것에 집중하라는 뜻으로 받아들여 보자. 우리는 누구나 좌절, 실패를 경험한다. 그것을 통해서 성장과 발전을 해나갈 것이다. 환경 속에 자신을 던져 넣어보자. 마지막으로 자신에게 위대함을 이끌어내는 삶을 살아가길 또한 복지 창업 콘텐츠를 지속적으로 발행하면서 복지 창업을 하고자 하는 분들과 연결되고 소통하기를 기대해 본다.

어떠한 역경 속에서도 최고의 기회, 최고의 지혜가 숨겨져 있다.
실패는 없다. 다만 미래로 이어지는 결과일 뿐이다.
-앤서니 라 빈스-

순간의 결정이 새로운 운명을 창조한다.
우리가 진정으로 결단을 내린 순간,
그때부터 하늘도 움직이기 시작한다.
-앤서니 라 빈스 -

| 에필로그 |

　책이 주는 즐거움과 유익함은 간접 경험을 통한 배움과 깨달음이다. 다른 사람의 다양한 경험, 시도, 성장, 아픔, 노력 등을 보며 나를 돌아볼 수 있고 방향과 행동을 설정해 볼 수 있다. 우리는 강사를 꿈꾸는 분들을 위해 있는 그대로의 우리의 이야기 담으려고 노력했다. 한 분 한 분 작가님들의 원고를 서로 공유하면서 우리도 몰랐던 다른 강사의 분야를 이해하고 함께 배우는 유익한 시간이 되었다. 우리의 이야기를 담으려고 더욱 멋진 강사님들이 많이 나오길 희망한다.

　모두가 바쁜 일상 속에서 시간을 내어 글을 썼다. 경험과 배움을 글로 잘 전달한다는 것이 결코 쉬운 일은 아니기에 함께 책을 만드는 일이 때론 힘들게 느껴지기도 했다. 하지만 모두가 한마음으로 힘을 냈다. 소중한 마음과 시간을 내어준 작가님들에게 이 자리를 통해 감사의 인사를 전한다. 한 권의 책이 나오기까지의 수고로움을 알기에 아낌없는 칭찬과 격려를 전한다. 소중한 경험을 용기 있게 나누어준 김경율 김미성 김영자 김효선 박선희 박소영 박인수 서연하 우정희 이대욱 이은미 이은영 조대수 작가님과 함께 출판의 기쁨을 나눈다.

우리의 프로젝트에 원고 교정 담당으로 함께 하며 열과 성을 다해 원고를 교정하고 따뜻한 말로 작가님들에게 큰 용기를 준 이소희 작가님과 진행 전반을 도와주신 서연하 작가님께 감사를 전한다. 아울러 책 출판을 도와주신 도서출판 등 유정숙 대표님과 출판 관계자분들께 깊은 감사의 인사를 전한다. 마지막으로 우리의 책을 봐주신 독자분들께도 감사 인사를 전한다.

대한민국의 모든 강사님들과 곧 강사가 되실 분들에게 유익하고 따뜻한 책이 되길 바라며 이 책을 마무리한다.

총괄기획 진행 우경하

당신이 이 거대한 세상의 진정한 주인입니다

나연구소는 우리 모두가 내 인생의 주인으로 살아가는 세상을 꿈꿉니다. 우리 인생에는 다양한 가치가 있지만 가장 중요한 것은 진짜 나로 살아가는 것이라고 생각합니다. 진짜 나로 살아간다는 것은 내 마음의 소리를 들으며 내가 원하는 인생을 살아가는 것입니다.

과거의 저 또한 인생을 열심히 살았지만 어느 순간 행복하지 않는 내 모습을 만나고 힘이 들었습니다. 보고 듣고 배운 대로 착하게 살았지만 내 인생은 제가 원하는 모습이 아니었습니다. 덕분에 나 공부와 인생 공부를 하게 되었고 그 원인이 진짜 나로 살지 못했기 때문이라는 것을 알게 되었습니다.

나연구소는 나를 몰라 힘들었던 결핍과 나를 알기 위해 했던 수많은 질문, 마음 관찰, 글쓰기라는 경험에서 탄생했습니다. 제 안에서 나연구소라는 이름을 만난 것은 저에게 매우 놀라운 일이며 사명과 운명이라고 느꼈습니다.

인생을 살면서 배운 많은 것 중 하나는 시간은 유한하고 우리는 무한하다는 것입니다, 우리에게는 죽음이라는 가장 큰 신의 선물이 있습니다. 죽음이 있기에 살아있는 지금 이 순간이 너무도 감사하고 소중합니다. 사람의 능력은 스스로 한계를 정하지 않는 한 무한합니다. 우리 인생의 놀라운 신비는 우리의 생각과 행동이 모든 것을 창조한다는 것입니다. 그리고 존재하는 모든 것은 우리를 위해 존재합니다.

나연구소를 통해서 모두가 내 인생의 주인이 되길 원합니다. 진정으로 하고 싶은 일을 하면서 자신 있고 재미있게, 내일 죽어도 후회 없이 세상을 살아갔으면 하는 바람입니다. 모두의 성취와 이해를 넘어선 평화를 원합니다.

언제나 여러분이 가장 소중합니다. 나연구소 우경하대표

리얼시리즈 시즌1을 마감하고
시즌 2를 시작하며

　리얼시리즈는 나연구소에서 진행하는 공동 저서 출판 프로젝트의 이름이다. 공동 저서란 어떤 주제를 정해놓고 다수의 작가님들이 함께 원고를 써서 공동으로 책을 출판하는 방식을 말한다. 공동저서의 장점과 매력은 여러 사람의 경험과 지혜를 한 권으로 접할 수 있다는 것이다. 세상 다양한 사람들의 리얼한 현실을 담고 싶은 마음에 프로젝트 이름을 리얼시리즈로 지었다.

　더욱 유익하고 다양한 책을 기획하고 만들기 위해 1편~8편까지는 시즌 1으로 이름을 지었고 시즌 2라는 이름으로 새로운 진행을 한다. 시즌 1은 1편: 내 직업을 소개합니다1,2권 2편: 우리 엄마 3편: 이런 취미 어때요? 4편: 우리는 1인 기업가다 5편: 나는 이렇게 돈을 번다 6편: 죽음을 경험한 사람들 7편: 사장이니까 희망이다. 8편: 우리는 강사다. 이다

　시즌 2부터는 더 다양한 사람들의 리얼한 인생 이야기를 담을 예정이다. 원고의 편집과 디자인도 개편해서 더욱 예쁜 책을 만들어보려고 한다. 우리가 리얼시리즈를 통해 얻고자 하는 것은 책 출판의 기쁨과 내적 외적인 성장, 독자들에게 전하는 유익함과 즐거움이다.

　언제나 책을 쓴다는 일은 힘든 일인 동시에 설레는 일이다. 글을 쓰면 진짜 나, 새로운 나를 만나고 지금의 나와 미래의 나를 그려보고 정리해보는 계기가 되기 때문이다. 앞으로 또 어떤 작가님들과 어떤 작품들이 세상에 나올지 매우 기대가 된다. 리얼시리즈를 통해 더우 많은 분이 책출판의 기쁨을 누리고 우리가 함께 사는 세상을 더욱 빛나고 아름답게 만들기 위해 리얼시리즈를 계속된다. 이제 여러분 차례다.